思想觀念的帶動者

文化現象的觀察者

本土經驗的整理者

生命故事的關懷者

心靈工坊 PsyGarden

Self Help

顛倒的夢想，窒息的心願，沈淪的夢想
為在暗夜進出的靈魂，守住窗前最後的一盞燭光
直到晨星在天邊發亮

親密無能

早熟童年的隱形代價

Adult Children

The Secrets of Dysfunctional Families

約翰・弗瑞爾 John C. Friel, Ph. D.
琳達・弗瑞爾 Linda D. Friel, M. A.
著

江家緯 譯

獻辭

我們將這本書獻給我們的家人：獻給我們的父母親，艾爾登和愛麗絲・弗瑞爾（Elden and Alice Friel）以及勞伊德和菲莉斯・歐隆德（Lloyd and Phyllis Olund）；獻給我們的兄弟姊妹，比爾和南西・麥英泰（Bill and Nancy McIntyre），瑞奇・弗瑞爾（Rich Friel），史蒂夫和瑪歌・貝特森（Steve and Margo Bateson），以及他們的孩子，布萊恩和凱莉・麥英泰（Brian and Carrie McIntyre），約翰・麥可（John Michael），馬克和瑪麗・弗瑞爾（Mark and Mary Friel）。最後，特別獻給我們的孩子克莉斯汀、蕾貝卡和大衛（Kristen, Rebecca and David），願他們的生命永遠充實、真誠且溫暖。

致謝

我們要感謝所有在我們的心理諮商專業發展以及個人療癒的路上有貢獻，並與我們一同分享的朋友、心靈導師以及同事。泰瑞・凱洛格（Terry Kellogg），羅伯特・蘇比（Robert Subby），勞倫斯・墨菲（Lawrence Murphy），羅伯特・密力根（Robert Milligan），勞倫斯和珊卓・維斯（Lawrence and Sandra Weiss），約翰・奈瑟羅（John Nesselroade），約翰・柯恩（John Cone），查理・歐爾森（Charlie Olsen），華特・艾約特（Walt Ayotte），比爾・畢斯比（Bill Byxbee），李察和莫琳・格弗茲（Richard and Maureen Gevirtz），黛安・納斯（Diane Naas），蘇珊娜・詹姆斯（Suzanne James），詹姆斯・麥多克（James Maddock），約翰・諾蘭（John Nolan），李察・安德森（Richard V. Anderson），艾琳・蓋區瑪（Arlene Katchmark），瑪麗・皮崔尼（Mary Pietrini），瑪莉・貝爾（Mary Bell），琳・布萊儂（Lynn Brennan），琳達・溫特（Lynda Winter），史丹・霍夫（Stan Huff），艾芙琳・萊特（Evelyn Leite），琳達・梅鐸（Linda Murdock），肯恩・亞當斯（Ken Adams），布魯斯・斯姆勒（Bruce Smoller），維吉尼亞・李昂（Virginia Leone）以及查克・艾維格（Chuck Ellwanger）。

特別感謝

特別感謝艾琳・蓋區瑪對此書原稿孜孜不倦的整理與貢獻。

contents 目次

Part 2
家庭根源

Part 3
我到底怎麼了？

contents目次

【推薦序一】

為什麼我們如此相愛，又如此疏離？

胡慧嫚（作家、薩提爾認證合格心理諮商師）

為什麼我們總是搞砸一段關係？

為什麼最深的愛裡，總是藏著最鋒利的刀？

為什麼原本平靜（幸福）的家庭突然之間開始崩裂？

為什麼我們這麼努力，幸福卻還是那麼遠？

為什麼我們如此相愛，又總是如此疏離？

《親密無能：早熟童年的隱形代價》這本書正爲深深吶喊著這些沉痛問句的人們，提出一個長期伏流隱藏未現的心理解答——早熟童年裡，那個慌張卻強自鎮定、害怕卻故做冷靜、悲傷卻武裝堅強、無助卻扛起重責……也就是明明還是個小孩，卻不得不過早成為大人的「小大人」——早熟孩童／親職化小孩——到底發生了麼事。

兩位都成長於功能不良家庭的作者，在走進心理諮商領域多年，帶領團體、接觸無數案主之後，帶著自身的創傷經驗（榮格所說的「負傷療癒者」）以及對於成長於「功能不良家庭」的早熟孩童／親職化小孩的關注，寫下了這本心理自助書籍。以貼近大眾的方式，幫助人們瞭解這些「小大人」長大後的面貌，並看見過往原生家庭究竟如何隱形地形塑了他們，以及該如何跨出治癒的第一步。

無論是書中所描繪的故事角色，或者現實生活中所見的那些既堅強又受苦、既優秀又疲憊、既強大又脆弱的人們，往往都可以看見這些「小大人」在原生家庭裡的兩種心理位移。

其一是家庭動力中角色的位移。

比如有一些母親，雖然成年了內心卻始終不肯長大，一直很孩子氣，依賴性很強，總是用任性或柔弱的受害者身分控制所有人。當年幼的孩子想和其他小孩玩的時候，她會露出失落的表情難過地說：「你都不理我，媽媽要哭哭了。」無法進入成人角色的她，離開了家庭系統中她原本應在的「母親」位置，霸占了需要被關心呵護寵愛的「女兒」（小孩）位置。

這時候如果父親的角色是缺席（比如離婚、喪偶）或功能不完整的（比如工作忙碌很少在家），她就像個缺愛的小孩，希望孩子時刻關注自己、陪伴自己。於是，這個年幼的孩子就不得不離開原本兒子／女兒的位置，位移到父親／母親的位置上，早熟地成爲親職化小孩，承擔起照顧媽媽、讓媽媽依賴，甚至成爲媽媽的情緒配偶，傾聽、接收、撫慰媽媽各種心情……的沉重責任。

其二是心理位置的位移。

如同我在《找回聲音的美人魚》一書中所描繪的女主角——因爲生命早期手足競爭的生存議題，讓她從小就不自覺地以「媽媽的貼心小幫手」的角色爭取愛、肯定與關注——也就是離開了孩子的位置，位移到母親的位置——拋棄自我地與母親完全融合成爲一體。

一個有著相似心理位移歷程的女孩，明明外表亮麗工作能力耀眼，卻一直爲「明明男友是個既劈腿又慣性暴力的渣男，爲什麼我一直離不開」的情感困境所苦。透過薩提爾學派的冰山圖探索時，她發現自己有一個無比堅固但深深隱藏的內在信念：「我只要再多努力一點，一定可以改變。」

這個信念的源頭，原來深埋在原生家庭的早期成長歷程裡。

透過「我只要再多努力一點，一定可以改變」這句話，女孩想起了一個畫面：從小她一直看著重男輕女的奶奶總是用輕視與不公的態度對待只生了兩個女兒的媽媽，以及每每隨之引發爸爸和媽媽之間的激烈爭吵……這讓因爲手足競爭議題位移到母親的心理位置的她（也就是成爲過度與母親融合，也過度承擔母親的「小大人」），在幼小的心裡總是迴盪著一句話：「只要我再多努力一點，再多付出一點，不輸給堂哥，奶奶就會改變對媽媽的態度，爸媽就不會再吵架了！」雖然無論是當年的奶奶，或是現在的渣男男友都沒有因爲她的一再付出而有任何改變，但「再多努力一點！」已經成爲她在親密關係裡的隱形魔咒。

這些被迫早熟、童年被剝奪、過早成爲父母的照顧者或拯救者的孩子，長大之後一方面某部分的他們反而沉浸在童年中無法離開；另一方面，他們從小就工具化了自己，這個工具化的自我讓他們得到大人的愛與肯定，形成了他們的自我價值。

一個人一旦開始工具化自己，所有的關係就都是工具化的了。

一個四十餘歲，表面看起來事業財富家庭盡皆美好，也是衆人口中愛家人、對朋友充滿義氣、熱心公益樂於助人的男性，卻不爲人知地受苦於每每壓抑不住的暴怒和身心疾病。在逐步往原生家庭歷程探索之後，從小就肩負「光耀門楣」角色的他坦承：「其實，我眞的不知道愛是什麼？我有愛過誰嗎？」對於那些他對家人朋友甚至陌生人的溫暖付出與照顧，他滿臉困惑地說：「我只是給他們錢，或者他們需要的東西啊！但……那是愛嗎？」

另一個身材高挑外貌清麗的醫學院高材生，在被視爲人生勝利組的表象之下承受著越來越嚴重的恐慌和焦慮。她也在深入探索原生家庭的成長歷程之後，忍不住落淚說出深埋心底的痛苦疑問：「從小媽媽爲我付出很多，但我其實一直不確定她是不是眞的愛我？還是……我只是她的一個名牌包？」

就像本書作者在書中一開始談及的是酗酒、家暴這類極端機能失衡的創傷家庭，但後續勾勒的案例故事逐漸延展到外表看來「正常」（實則同樣機能失衡）的一般家庭。這些年根據我的觀察，許多小大人也同樣生長在父母全心全意付出愛的「幸福」家庭中。

薩提爾女士曾說過：「每個父母都是竭盡所能」，只是許多父母的所能很有限，他們自身就受困受苦於自己的原生家庭傷痕，以及社會文化偏頗歧誤的價值觀裡（比如重男輕女或望子成龍望女成鳳……）之中，因此他們給出的愛往往也同時（不自知地）帶著傷害，或者他們自身也無能爲孩子創造一個「功能良好」的家庭。

這些在無論表象是酗酒家暴或者平靜幸福，內裡都是「機能失衡」的原生家庭中成長，以致於過早成爲大人的「小大人」，呼應著薩提爾女士的另一個深刻且悲憫的觀察：「每個孩子都是很忠誠的」。

對父母忠誠的小大人們往往從小就鍛鍊了強大的生存能力——在學業與事業上表現傑出的負責、專注、堅忍、能幹、理性、冷靜……等特質與能力，但同時，也伴隨著包括忽略身心、遺忘創傷、切斷感受……等防衛與武裝。這使他們在成年後不自覺地墜入過度成癮（性、工作、健身、食物、購物、酒……）、憂鬱、強迫症、不健康的依存關係……的身心負累狀態裡，進而一步步侵蝕崩毀了他們原本努力建構的幸福生活。

作者在書中協助讀者看見早熟孩童／親職化小孩長大後的面貌，以及來自原生家庭的根源影響之後，繼續帶領大家往前，看見我們的防衛機制、看見我們強硬的保護盔甲之下種種眞實的痛苦、看見我們與自己與他人之間受困扭曲的關係，同時也進一步看見冰山之下的共依存關係模式。

這些對於自己的過往與當下、內在與外在的雙重看見，固然會讓我們感到痛苦，但同時也讓我們有了重生的機會。

這些年，在邀請及陪伴許多人走上屬於自己的「心」旅行時，我一再見證著一句話：「看見，就是力量」。因爲眞正清楚看見的痛苦，具有一種「恍然大悟」與「我受夠了！」的扭轉力量。它讓我們開始有機會脫離原本（如同隱形幽魂引領般）潛意識的自動運行迴圈，轉而走上具備覺察與意識的，一條貼近自己、理解自己、療癒自己的成長進化之路。

這也是我一直分享的一個理念：原生家庭的確會影響我們，但它不會決定我們，我們可以自我創造！——不僅重新創造我們的現在與未來，也從我們自身開始，改寫代代相傳的家庭動力腳本（我們，也是我們孩子的原生家庭）——協助我們成爲更具覺察力也更有能的父母，不再讓我們的孩子身受「小大人」之苦。

但願這本心理自助書是一個起點，讓每一個你帶著自我的力量，繼續跨步走向引領成長進化的美好「心」旅行。解開早熟童年的隱形鐵鍊，如同薩提爾女士筆下的小詩所勾勒的一樣，抵達我們每一個人都值得擁有——親密且自由的應許之地。

愛你，而不抓緊你；
欣賞你，而不評斷你；
參與你，而不侵犯你；
邀請你，而不強求你；
離開你，而不覺歉疚；
評論你，而不責備你；
幫助你，而不看低你。

如果，我也能由你那裡獲得相同的對待，
那麼，我們就可以真誠的相會，
而且滋潤彼此。

（本文作者爲心理諮商碩士、薩提爾認證合格心理諮商師，著有《找回聲音的美人魚》、《溫柔是我，剛強也是我：來自薩提爾的生命啓發》）

【推薦序二】

沒有任何問題，是必須獨自處理的

鐘穎（《故事裡的心理學》作者、愛智者書窩主持人、諮商心理師）

所謂「共依存」的現象，普遍地發生在有著難解親子衝突及夫妻失和的家庭裡。在這些功能不良的家庭中，有許多已然長大成人的孩子（亦即小大人們），卡在舊時的關係裡受苦。

什麼是「共依存」呢？當一個人經常感覺羞恥、否認、孤單、恐懼、暴躁易怒，或害怕被拒絕、過於討好與照顧他人，或出現各種成癮行爲，哪怕上述症狀有的看似相反、彷彿處於光譜的兩端，其實都暗示著當事人有著不健康的「共依存關係」。這樣的關係如書中所述，源於功能不良的原生家庭帶給我們的早期影響。當然健康的關係中也會有爭執和不滿，但雙方不需要時常透過犧牲自我來成全這份關係。這就是健康關係與不健康的關係的差別。

心理學裡，有一門專門研究人們如何處理親密感以及與他人連結的理論，稱爲「依附理論」，它是我們檢核人格病理的重要依據之一。該理論指出，人的內心都有一股與生俱來，想和他人維繫情感的願望。在與主要照顧者互動的過程裡，人們會透過壓抑來避免破壞與人的連結，也會試著彰顯某些感受，來鼓勵照顧者的投入。在這樣的早期情緒經驗中，依附關係大致可以分成四個類型：安全型依附（低焦慮低逃避）、逃避型依附（低焦慮高逃避）、焦慮—矛盾型依附（高焦慮低逃避）、及紊亂型依附（高焦慮高逃避）。除了第一種之外，都屬於不安全依附。

且不論我們屬於哪一種，這個理論暗示著人們的內在有一種重複早年經驗的傾向。用精神分析的話來說，就是「人會強迫性地重複或再現他的第一份關係」。易言之，如果早年經驗讓我們處於不安全的依附關係，那麼我們就有可能會採用共依存的方式來處理親密與連結，同時也會無意識地以相同的模式來尋求伴侶並建立關係。說來您或許不信，但從臨床上觀察，一個人會吸引到什麼類型的對象，往往跟他自身的成熟度高低有關。

爲了不讓讀者感到失望，容我提醒一聲，我們從來都不是在一個令人滿意的狀態下進入親密關係的。人人皆是如此。所以您不用對自己苛全求備，甚至也請不要對您的父母親和另一半苛全求備。如果您總是氣憤地覺得他們中的某人應該好好讀讀這一類的書以尋求「成長」和「改變」，那麼或許您的問題也與他不相上下。他們已經盡了最大的力，猶如成年後的您也盡了最大的力在維繫伴侶關係與解決親子問題一樣。雖然早年的不良關係形塑了我們，讓我們成爲一個在關係議題上沒有機會眞正長大的大人（也就是書中的小大人），但此刻的我們比起過去擁有更多的改變能力。

揭露和承認就是改變的第一步。作者告訴我們，揭露和承認本身也是一個過程。在我的經驗裡，第一步往往是最難的一步。不論是在婚姻中失去自我和受到巨大貶抑的妻子，還是外表風光事業有成的丈夫都是一樣。揭露關係裡如此難堪的面貌，甚至還要承認與面對長大過程中的傷痛，對任何人來說都非常地困難。在北美，匿名的自助團體（即本書第一章所提到的「匿名戒酒會」等十二步驟團體）相當流行，但在臺灣，民衆對這樣的治療與成長形式相當陌生。在這種匿名的自助團體中，不論主題是愛還是學習，在輪流分享的過程裡，最後總是會進入個人早年經驗與親密關係的領域。而無一例外地，團體成員們雖然不見得是助人領域的專家，絕大多數都會在分享與回饋的過程中滌清、洗淨、而後安心。此處之所以這麼提，正是因爲作者建議我們可以先從參加一個匿名的團體做爲治癒的開始，我也鼓勵有需要的讀者們就地尋訪合格的心理師與治療機構，並開始這麼做。

此外尤其值得提醒的，是那些看似對現實很適應的人也不見得不需要幫助，有時他們只是隱藏得更好。例如，擁有被社會接受的「上癮」習慣的人就是如此，而慢跑（與各類型運動）與工作更便是其中的兩大僞裝。雖然不見得精確，但要辨別那些看似健康的好習慣是否爲書中所提的共依存症狀，或許我們只需要捫心自問：這些習慣是我們的僕人，還是我們的主人？我們是受其所迫而不得不爲？還是依循實際需要而做的？實在說，慢跑與工作已經日益成爲現代人用以抵禦死亡焦慮的手段，讓自己在面對生命及面對個人不健全的情感能力時能擁有控制感的一種安慰了。這在共依存者身上（而非每個熱愛運動與工作的人身上）同樣是否認的一種形式，一種迴避痛苦的自我保護形式；越是這麼做，我們越感到孤立無援與封閉。而越是孤立無援與封閉，我們就越是需要某張面具來告訴別人同時也安慰自己：一切都很好，一切都越來越好。

在這樣努力卻痛苦的「小大人」面前，任何一個明白眞相的人都會感到驚訝和難過。如果您正在這樣的痛苦裡，正在爲關係的各種疏離、衝突、與空虛而難受，請翻開這本書。我唯一可以跟您保證的，就是沒有任何問題需要獨自處理，而這正是許多「小大人」深信不疑的事，但它是錯誤的。翻開這本書，您就進入了「揭露和承認」的過程，從而也就往自我治癒邁出了關鍵的一步。

【各界推薦語】

這本書討論的是美國七〇年代開始的現象，也是臺灣一直看得到的一個小傳統。過去我們有所謂的阿信現象，大姊爲弟妹犧牲了自己人生的幸福；現在隨著父母的不夠成熟，我們有太多早熟的小孩。本書的出版，在臺灣這個階段，正是時候。

——王浩威（作家、精神科醫師）

按照這本書的定義，我們大部分的人都是小大人，因爲鮮少有家庭是完整、健全、不失衡的。作者說：「揭露和承認自己的眞實情況是人類最勇敢、最眞誠、同時極富自我成長意義的行爲。」也就是老老實實地，說故事，說自己不完美的家庭故事，把自己認回來，讓自己完整，這就是自我救贖之道。

——周志建（資深心理師、故事療癒作家）

人性之難得，在於它擁有超越自我的能量。這本書爲尋求光亮的生命，提供了存在的希望。

——楊俐容（親職教育專家．台灣芯福里情緒教育推廣協會創會理事長）

這本書對我幫助很大。我意識到作爲一個功能不良家庭的孩子，我一直在受苦。我知道我父母／家庭行爲不正常或不好，但我想「嘿，他們沒有吸毒，我沒有受到性虐待，我沒有被寄養……他們給我買了我想要的一切，所以他們一定沒那麼糟糕。」如果你和我一樣在這個邊緣地帶感到內疚，因爲質疑父母的養育方法而感到內疚……你的父母雖非邪惡的兒童殺手，但他們不是偉大、健康的父母，這本書是給你的！很難承認我在身體上、精神上、情感上都受到過虐待，但一旦承認了，我就會感到自由，現在正在康復的道路上。這本書給了我語言和勇氣，來告訴我的父母他們對我做了什麼，並要求他們尊重我的界線。希望它也能幫助你！

——Liz-N（美國AMAZON網路書店讀者，五顆星評論）

【中文版序】

看見、傾聽、了解

多年前，我們出版了第一本書《親密無能：早熟童年的隱形代價》，很幸運的，我們持續收到來自各方的感謝和正面的回應，讀者們尤其喜歡書中的寓言、個案故事和小品文；我們常常收到讀者來信說，像〈野雁家庭〉與〈親吻怪獸的鼻子〉這樣的故事幫助他們了解複雜的家庭動力。此書自一九八八年出版後，便成爲探討家庭健康與家庭功能不良的重要作品之一，銷售超過二十五萬冊，書中提到的觀念觸動了許多人的心。

自出版以來，心理學和神經生物學界提出了許多科學證據，爲我們在書中依臨床觀察提出的論述，增添了研究深度、可信度，和更詳細的資訊。美國疾病管制中心和加州聖地牙哥凱瑟健康組織所共同執行的「童年受創經驗研究」，也證實了我們的結論，那就是若童年時期的經驗有任何缺陷，不論是在情感上、心理上、生理上，長大成人後，就越有可能遇到心理或生理問題，例如憂鬱症、焦慮症、心臟病、癌症，壓力失調或是頭痛等問題。

神經科學研究已經證實，人類以及其他所有具備大腦神經邊緣系統（limbic system）的哺乳動物，都需要和同類有情感的聯繫，大腦才能維持正常的運作。而只有人際間「邊緣系統的共鳴」，才能夠療癒童年的嚴重欠缺。人類需要被同類看見、傾聽，和了解。

作者兩人都成長於酗酒家庭，不論是在物質、情感、生理需求等等層面，我們的童年都幾乎可用貧乏二字形容。我們小時候不敢吐露內心真實的感受，害怕父母知道後會大發雷霆。家裡有很多不光彩的事，但有些應該討論的事卻束之高閣，從未提起。爸爸可能會惱羞成怒而抓狂，媽媽則會覺得丟臉沮喪。那身爲小孩的我們該如何排解情緒和感受呢？我們如何處理它並放下它呢？沒有辦法。於是，我們用傷害自己的方式宣洩。

在美國，「功能不良家庭小大人」運動於一九八〇年代發起後，最重要的成果就是人們終於開始訴說自己受傷的故事——重點並非抱怨，而是和其他人分享使他們受傷的事物，還有如何療癒那個傷口。我們覺得世界上沒有壞人，只有受到傷害，不知道如何主動與他人接觸溝通的人。

我們有許多案主是華人，在美國任職教授、醫生，物理學家或在其他領域學有專精。他們聽說在美國，找專業的心理諮商師是很普遍的事，所以來找我們協助。通常每個人在第一次會面時都流下眼淚，因爲他們終於可以說出多年來「不能說的祕密」，卸下心頭的重擔，而不會遭到評論。由於心理諮商師被案主視爲「專家」、「權威」，既然我們都願意承認缺陷，坦言自己的生活，與父母和小孩的關係不盡完美，這讓他們也能夠面對自己的人生缺陷。

身爲人類的意義，便是有人願意看見、傾聽，和了解我們。

約翰・弗瑞爾博士（John C. Friel, Ph. D.）
琳達・弗瑞爾碩士（Linda Diane Olund Friel, M. A.）
美國明尼蘇達州明尼亞波利斯市（Minneapolis, Minnesota, U. S. A.）

【作者序】

寫在療癒開始之前

書中所提及的案例是從與我們合作多年的個人與家庭組合而成，其地理位置、工作性質和姓名等細節，爲維護當事人隱私皆已修改。除此之外，這些案例就各方面而言，都是非常典型的小大人實例。

爲了讓讀者了解小大人可能會發展出哪些功能不良的生活方式，我們在書中試著利用一些案例來呈現小大人的典型症狀和成癮問題。然而，每個人的狀況不盡相同，要用書中的案例來呈現所有會出現在小大人身上的症狀或功能不良的生活方式是不可能的。

我們在書中一再強調，治療小大人症狀不是單憑一己之力就可以達成，很多案例是需要專業人士協助的。我們希望本書能提供一些有用的資訊，使現有療程更爲完整。

我們必須小心，這些自助心理書籍本身就可能成爲上癮因子。總有一天我們必須眞的改變生活方式，即使非常痛苦，而非只是透過自助心理書來學習或想像我們該怎麼改變。

最後，我們再次強調這本書是爲了你而寫的，不是寫給你的另一半，或是愛人、小孩、老闆、員工。對於共依存症狀，我們下的定義之一即是「在家中拿著自助書追著另一半跑」。治療小大人症狀是一種非常個人的經驗，而幫助別人復原最有效的方法便是邁向你自己的復原之路。當你眞心相信自身經驗是幫助他人最好的方法，你便邁向了屬於你的復原之旅。

約翰・弗瑞爾 博士（John C. Friel, Ph. D.）

琳達・弗瑞爾 碩士（Linda D. Friel, M.A.）

Part. 1

小大人

那個男人曾經說過，住在這裡的每個人都是「妓女、皮條客、賭徒和雜種」。但如果他換個角度來看，就可能會說他們是「聖人、天使、烈士和品德高尚的人」，仍是指同一群人。

——約翰．史坦貝克（John Steinbeck），《罐頭廠街》（*Cannery Row*）

1 介紹

一九八五年七月，數以千計的民衆從世界各地湧入加拿大蒙特婁市，慶祝某個世界組織成立五十周年的紀念日。這個可說是現今最成功的世界組織，沒有正式的領導階級，也沒有任何的政治關係。它，其實是由兩個「失敗者」所建立的，並一路壯大成爲歷史上同類組織中最成功的一個。它不曾也不願接受任何團體或企業的金援，卻在全世界超過一百三十五個國家中擁有數百萬名會員。它沒有任何正式的宣傳，也沒有行銷人員，更不允許會員私自打著它的名號替自己背書。

事實上，爲了許多實際的理由，所有會員都必須匿名。該組織有一項聲明，針對匿名規定的解釋是：「我們的公關政策是利用組織的吸引力而非宣傳；在任何形式的媒體曝光中，不論是新聞、廣播或是影片，我們的會員都必須匿名。匿名是協會傳統中的精神基礎，時時提醒我們：組織原則凌駕於個人之上。」（注1）你或許已經猜到，這個成功的世界組織便是匿名戒酒會（Alcoholics Anonymous）。

匿名戒酒會原始的「十二步驟」已經經過了微幅修改，以符合其他各種功能不良生活型態的用途。除了匿名戒酒會，還有匿名戒賭會、匿名戒毒會、匿名戒菸會，以及針對麻醉迷幻藥物成癮、飲食行爲失調、購物狂、工作狂、虐待兒童、借貸、宗教狂熱、共依存症狀、小大人症狀等匿名協會。

匿名戒酒會和其他依循「十二步驟」原則的團體如此盛行，是因爲這些團體與療程經歷一再的修正，滿足了人性所深深渴望的基本需求：健康的親密關係。我們都需要有個地方讓我們可以放心地談話，與他人分享自己的想法，聆聽並從他人身上學習，並在聚會結束時，沒有任何壓力地離開現場。不搞政治，沒有義務與責任，沒有人會對你說：「好，既然我給了你這些，那你得做些什麼來回報我。」

匿名戒酒會的十二步驟和其他使用十二步驟的組織一樣，將一些簡單的事情做得非常好。他們提供（而不是要求）一個簡單的生活模式，在經過一段長時間的執行後，可

注1：引自匿名戒酒會的第十一及十二條傳統，經該協會同意轉載。

以幫助我們修正那些從家庭生活中代代相傳，使我們過得瘋狂又痛苦的生活方式。

在匿名戒酒會成立了五十周年之時，另一個依循十二步驟的組織成立了，那就是全國酗酒者子女會（The National Association of Children of Alcoholics）。如同根據匿名戒酒會的十二步驟運作的治療團體「酗酒家庭小大人匿名會」（Adult Children of Alcoholics）一樣，不論對象是孩童或成人，這些組織希望爲我們帶來希望與幫助，遠離原生家庭中父母酗酒或其他藥物依賴問題對我們的影響，而他們的規模正呈現巨幅成長。

丹尼斯·胡立（Dennis Wholey）的暢銷著作《改變的勇氣》（*The Courage to Change*）中，以第一人稱來敘述名人們如何擺脫重度藥物依賴，重新振作。報章雜誌也開始關注藥物依賴問題、家庭系統機能與功能不良、不健康的依存行爲之間的關連。而後者正是此書所要探討的課題。

許多在我們這個領域的專業人士終於開始了解，一個家庭中，並不只有酗酒或吸毒的那個人有問題；即便一個家庭沒有任何藥物依賴的問題，本身運行的方式也可能與酗酒家庭如出一轍。換句話說，不僅是來自於酗酒家庭的早熟小大人可以從十二步驟團體中獲得協助，功能不良家庭的小大人也可以從中得到幫助。

兩位作者皆成長於功能不良的家庭，這本書正是寫給來自功能不良家庭的早熟小大人，是爲了我們而寫的。我們撰寫此書的目的，是回應多年來案主一再詢問我們的問題：「有沒有一本書是在寫早熟童年、小大人的問題，而且是用你們對我解釋的方式寫的呢？」

這本書是爲了協助那些尚在復原途中的我們，提醒我們復原這條路是怎麼回事，爲什麼復原是個過程，而非只是單一事件。這本書是爲了幫助我們之中還身處暗處的人，或許心裡充滿狐疑與憤怒，又或許只是單純的迷惘，還在找尋一絲線索來解釋爲何我們會有這樣的感受。

最後，這本書是要寫給我們之中的許多人，因爲成長過程中家庭機能失衡，而過著絕望的人生，與過度成癮、憂鬱、強迫症、不健康的依存關係、壓力症候群、不滿足的關係共處。希望這本書能爲我們散發一絲細微的光芒。

2 兩個家庭

表面平靜的家庭

法蘭克．戴維斯，三十五歲，是加州一間頗具規模的電子公司主管。他擁有加州大學資訊工程學士學位，畢業後從事系統分析師的工作五年，之後回到校園取得企管碩士學位。他在第一間公司工作時認識了蒂娜。蒂娜也主修企業管理，他們倆有許多共同的興趣。

法蘭克與蒂娜在碩士學業即將完成之際結了婚。三年之後，他們有了兩個小孩，並懷了第三個。爲了照顧家庭，蒂娜決定將她的工作暫緩，待在家裡好好照顧老公與孩子，而法蘭克的事業則平步青雲、如日中天。他和蒂娜擁有所有成功的年輕夫妻應有的配備：一棟大房子、湖邊的度假別墅、兩輛BMW轎車，還有私人鄉村俱樂部的會員證。

每個人都覺得他們的婚姻幸福美滿。

法蘭克的童年看起來是平靜無波的。在家中五個孩子中排行第三的他，出生時父親的外科醫師生涯正要開始飛黃騰達。法蘭克在學校的表現非常優異，其中數學更爲拿手，這一點讓父母非常引以爲傲。他也擅長運動，很受同學歡迎。法蘭克的母親則是那個年代典型的完美醫師娘：美麗、端莊、迷人，並且在社區活動中有一定的領導地位。雖然家中有請管家，但他母親並沒有閒閒地待在家裡。她籌備帶領童子軍的活動，同時也是當地醫院志工組織的一員，並且與先生一起參加教會的讀書會。他們在鄰居眼中是成功、虔誠、積極參與社區事務的完美家庭代表，而法蘭克很以他的家庭爲榮。而他知道他之所以如此成功，是因爲他努力維持這個家族的優良傳統。

若要用文字來形容法蘭克的爸爸，那「可靠」或許是最好的形容詞了。他是一個傳統、穩重的人，也是個完美主義者，很多外科醫生都是這樣。有時候法蘭克的媽媽會開玩笑說他爸爸的行蹤有多麼容易掌握，就算把家中所有的鬧鐘扔掉，只要看他爸爸何時回到家就知道是幾點了。他們自認是一個和睦相愛的家庭，儘管受到奶奶和外公那邊的北歐挪威血統影響，他們很少顯露出熱烈的情感表現。不過沒關係，他們知道彼此是相愛的，並且認爲這樣便已足夠。

法蘭克在中學和大學的表現皆一帆風順，每次一有好表現，家人就更加誇獎他。每當他得到優異的成就，他爸爸就會驕傲地跟他說「眞不愧是我們戴維斯家的人」。認識蒂娜時，他已在工作領域上頗有成就，並覺得是時候延續優良的家族傳統了。蒂娜也以身爲這個大家庭的一份子爲榮，很驕傲自已爲家族添了三個孩子。到了法蘭克三十三歲這一年，他的美滿婚姻已經維持了六年，三個小孩幸福地生活在他與妻子共築的愛巢中，但他的人生開始起了變化。

起初這些變化非常的細微，他和蒂娜將其歸咎於熱門報章雜誌上提到的「三十危機」。畢竟從他們結婚的那天起，人生便是一陣又一陣忙碌的旋風。但那些變化並沒有因爲時間的流逝而消失。

剛開始法蘭克會在開車上班的途中突然感到胃裡一陣翻攪，滿腦子嗡嗡作響的都是他負責的新專案。但他會立刻甩開那些折磨人的焦慮情緒，重新投入案子之中，對成功的渴望超越了那些偶爾浮上表面的自我懷疑和恐懼感。晚上時他則會靜靜地和蒂娜一起吃飯，然後把隔天的工作計畫再看一遍，洗完澡後窩在蒂娜溫暖的懷中好好睡一覺。

這樣的模式持續了好幾個月：持續的焦慮情緒與工作帶來的成就感相互交織；晚上則與太太共進安靜的晚餐。而他們的周末時光通常塞滿了社交活動或跟孩子去湖邊度假。但不安的情緒還是沒有消失，法蘭克開始感到害怕。他開始做惡夢、容易分心，然後有時候變得易怒，連他自己也嚇一跳。他心想，戴維斯家族中沒有人會讓一丁點小事激怒自己，更何況是微不足道、小小不安的情緒而已。

在這段期間蒂娜則持續扮演著支持與包容的好太太。她不僅照顧家裡大小事、參與社區活動、當個稱職且迷人的女主人，並在法蘭克回家時細心照顧他。但侵蝕著法蘭克的東西，終於也逐漸開始侵蝕她。

當法蘭克還找不到他不安情緒的來源時，蒂娜已經知道自己的了。但知道原因更令她感到害怕。幾個月以來她一直逃避這個情緒，直到她再也忍不住了。這個情緒就是對法蘭克的憎恨。她一再告誡自己不可以去想，因爲她認爲這段婚姻是她此生夢寐以求的完美婚姻，所以怎麼可以有這樣的想法呢！她和法蘭克的生活緊密交織，兩人一步步走進看似完美但其實佈滿陷阱的生活。

蒂娜跟隨著法蘭克的忙碌步伐。她把自己完全投入社區活動中，安排與孩子和朋友們的各項旅遊和活動。朋友們和社區幹事對她讚譽有加，甚至推舉她加入社區管理委員會。身爲一個成功的母親、朋友，和社區領導人，一個接著一個的完美典範像是旋風一般，建構了她的人生。

最終他們的大兒子傑生也掉入了陷阱裡。當他七歲時，他開始在學校遇到一些麻煩。他知道自己是個聰明的學生，老師們也知道，但他卻會忘記帶學校作業回家給媽媽檢查。他開始欺負班上其他小孩，並在課堂上搗亂。他一直搗蛋，試圖得到別人的注意。

後來學校終於通知了蒂娜，而她的反應則一派冷靜。她說要不是老師不夠細心敏銳，她的兒子才不會有這樣反常的表現。過幾天後，她就把傑生轉學到一家私立學校就讀，那間學校大部分的營運經費都是來自於法蘭克任職的電子公司。整體情況似乎在蒂娜的掌握之中。

在她複雜的腦袋裡，有一個很小的聲音試圖要跟蒂娜溝通。那是一個小女孩的聲音。這個聲音單純天眞、非常清澈，雖然微弱卻很清晰。它一再地重複：「有地方不對勁，蒂娜，有地方不對勁啊。」

親友和社區居民越稱讚蒂娜的表現，她心中那微弱的聲音就越來越強烈，內心的衝突終於在某個禮拜四的傍晚爆發了，當時她正與三個孩子安靜地吃著晚餐。

那天法蘭克剛搞定一個新的合約，當他帶著興奮之情走進家門的時候，大兒子傑生剛好因爲打妹妹而把一杯鮮奶打翻了。那個瞬間彷彿一個靜止的超現實狀態；蒂娜的眼神一開始是震驚的，然後馬上瞥向傑生，又瞄了那杯打翻的牛奶一眼，最後落在法蘭克身上。她的眼神冰冷，似乎要把人看穿，就這麼定定地盯著他。她的臉和雙手因為心中爆發的怒火而脹得通紅。

她突然站了起來。家裡所有人都看著她把盤子裡的食物抓起來丟向法蘭克。蘆筍和醬料擦過他的額頭，灑在他的西裝上，連他身後的玄關也遭殃。蒂娜生氣地大聲尖叫。她從來不知道有人可以如此憤怒。

「你再也不准帶著那副愚蠢的笑容走進家門！」

時間再度靜止，空氣瞬間凝結，蒂娜蜷起身子倒在餐廳地上痛哭，悲傷的源頭來自於心中那個小女孩，淒厲的哭聲在夜裡迴盪著。她躺在地上不停地哭，感覺哭了好久好久，才靜靜地起身，回到臥室把門鎖上。

孩子們嚇壞了，也開始嚎啕大哭。這是他們第一次看到父母這麼激烈的爭吵，平常他們就只是偶爾會對彼此大小聲，所有父母都會這樣啊。法蘭克怔怔地站在玄關，還處於驚嚇之中，無法相信剛剛發生了什麼事。其實這個陷阱幾個月前就已經在他們身旁伺機而動，只是他們到現在才觸動機關。這個痛楚現在變得真實了，聞得到、嚐得到、看得到、呼吸得到。只是沒有人知道這是開始還是結束。

法蘭克試著安撫孩子們，然後他想進房間和蒂娜說說話，但整晚房門都是鎖著的。每當他想進去，蒂娜就會邊啜泣邊叫他走開。

那天晚上他在客廳的沙發上睡睡醒醒，胃好像打了結一般難受。

隔天一早，蒂娜下樓幫法蘭克和孩子們準備早餐。吃早餐的時候沒有人說話，刀叉和杯盤撞擊發出的聲音格外刺耳。法蘭克出門上班，心裡茫然、疲憊又空虛，而孩子們則一整天在學校胃都不舒服。

蒂娜哭了一個早上，既孤單又困惑。心中那個小孩已經變成一個她無法應付的怪獸。出於害怕和絕望，她拿起電話簿找到了一個心理治療師的名字。她又花了一個下午在心裡天人交戰，考慮到底要不要撥這通電話。當學校快放學的時候，她還是拿起了電話。

當天晚上，她跟法蘭克和孩子們說，「我不知道我到底怎麼了，但我會去尋求幫助並找出答案。有些問題很嚴重，我再也無法這樣過日子了。」

有無數的心理治療學派和理論探討爲何人們會「無緣無故地」情緒失控。蒂娜的心理治療師爲她的保險理賠申請表寫上的正式診斷是依據《精神疾病診斷與統計手冊》（*Diagnostic and Statistical Manual of the American Psychiatric Association, DSM*）而下。

不過醫生在病歷上潦草記下的問診紀錄更能描述蒂娜的狀況：

三十三歲的白人女性，結婚七年，育有三個子女。先生是工作狂，妻子在多年的自我否認與數個月的強迫症傾向行為後，經歷嚴重的共依存症狀：憤怒、憂鬱、罪惡感與自我認同喪失。

法蘭克是個工作狂，而蒂娜只知道一個方法來應付她深愛的先生對工作上癮的情況，就是讓自己也對什麼事物上癮。

一開始她對照顧法蘭克這件事上癮，法蘭克的工作常常加班，她就等他回家，幫他加熱幾個小時前就已經煮好的晚餐，安撫並照料法蘭克，也助長了他的工作狂傾向，並否認她心中日漸增長的憎恨。但最終還是爆發了。

最後，她加入了他的上癮行列，給自己找更多事情做，試圖掩蓋自己那令人害怕的情緒，因爲她從來不曾學習該如何面對，但情緒還是逐漸浮上檯面。而正當她心中的小孩開始清楚地說話，她親生的孩子也以他唯一知道的方式表達自己的心聲：在家中和學校搗蛋以突顯家裡沒有人說出口、沒有人承認的緊張關係。

戴維斯一家人的命運正要重新展開。蒂娜開始了一個長期療程，重新探索和學習如何避免再次落入依存情緒的陷阱裡。法蘭克和孩子們則和蒂娜一起接受家族治療。

法蘭克還沒有清楚意識到他自己生活中潛在的依存行爲。雖然他沒說出口，他還是覺得這基本上是蒂娜個人的問題。家庭的規範和情感連結是如此的強烈，讓他成爲一個追求成功的工作狂。而他的家庭表面上相親相愛，卻無法自然地表露情感，這讓他的否認機制更爲根深柢固。

在任何一個上癮系統中，系統內每一個成員都會深受影響。在這樣的危機中，若要發展出健康完整的新系統，則每一個成員都必須做出改變。

有時候，當家中只有一、兩個成員情況改善，他們爲了維持自身健康的唯一選擇，便是離開這個家。

狀況緊繃的家庭

珊蒂．多賽特在波士頓的郊區長大，是家中五個孩子裡的老大。她的父母結婚不久後，父親便開始酗酒，而珊蒂出生時，他任職的零件供應商才剛因財務狀況不佳而將他裁員。儘管他是附近某間小小的州立大學畢業的學士，但他的情緒問題一直未經處理，酗酒毛病也沒有接受治療，這些因素讓他一直很難找到一份適合的工作。

當她父親還在不斷尋找「對」的工作時，珊蒂的母親則爲了家計開始兼差擔任護士。

接下來的六年，多賽特家又多了四個孩子，經濟壓力與撫養孩子的雙重壓力造成家裡情況極端拮据且緊繃。當珊蒂五歲時，父親開始對母親暴力相向，而對孩子們也常常口出惡言。

珊蒂還記得當父親怒吼咆哮並毆打母親時，她是如何躲在客廳的角落，弟妹們蜷曲在她身旁尋求保護。通常平靜了幾天或甚至幾個禮拜後，整齣戲碼又會再度上演。

有一次，珊蒂的母親爲了家庭著想，試圖向一個曾經參加鋁阿農戒酒家庭團體（Adult Children of Alcoholics Al-Anon groups）、先生也成功戒酒的朋友尋求幫助。但此舉讓珊蒂的父親怒不可遏。母親怕他又會對自己或孩子做出可怕的事情，再也不敢跟那位朋友聯絡。

之後，在珊蒂的童年裡，她的家庭始終困在暴力的漩渦中，一陣陣混亂喧囂伴隨著一陣陣令人窒息的靜默。每個人都戰戰兢兢如履薄冰地過日子，希望事情有一天會自動好轉。但它從來沒有。

爲了存活，珊蒂學會了如何在她周圍建立一層保護膜。當她小的時候，她會待在房間裡跟自己玩扮家家酒好幾個小時，心中建築了一個夢幻的世界，有很多幻想的朋友跟好玩的地方。當她長大一點，她則盡量離家越遠越好，以避開那些煩惱。但這也令她陷入撕裂般的痛苦，因爲一部分的她覺得自己必須在家裡照顧弟妹。

如同很多生長在酗酒家庭的孩子們，珊蒂在學業方面的表現非常優秀，並對家裡的祕密守口如瓶。即使大家都知道多賽特家經濟拮据，她卻總是可以穿著整齊體面地去上學，很有禮貌且積極討好他人。她從來不曾提過家裡發生的可怕事件。不論如何，家醜不可外揚。

上高中後，珊蒂開始變胖，很難控制體重。當她進入了兩年制的護理學校時，體重已經超重四十五公斤，但她不讓體重拖垮她。她在學校表現優異，而且畢業不到三個禮拜就得到一份正職工作。

當珊蒂二十五歲時，她開始跟一個年輕男子交往。他還在念大學，未來打算成爲輔導老師。他既溫和又體貼，還很會照顧人，對她來說，他眞是天上掉下來的禮物。雖然他們從未討論過她的體重問題，但珊蒂心中一直擔心他會因此不喜歡她。然而，他們持續交往了好幾個月，然後決定結婚。

結婚兩年後，珊蒂生了一個女兒。她先生輔導弱勢青年的工時變得很長，而爲了好好照顧小孩，她決定把護士的工作量減半。然而就在此時，她發現先生外遇，對象是她的女性友人。儘管從她有記憶以來她就發誓絕對不碰酒精，但在人生分崩離析之際，她卻開始用酒精緩解痛苦。

當他們的婚姻關係日漸惡化，她面對恐懼的方式就是越喝越多，並且驚恐地發現**她童年時期的情節正在上演**。她變得絕望並且想要自殺。但幸運的是，在一次安眠藥服用過量送醫治療的事件後，院方醫療人員很快地開始幫助她戒癮。

儘管非常沮喪，珊蒂還是感到如釋重負。從小就沒有獲得任何幫助的她，終於有人好好地來照顧自己了。她欣然地接受醫院建議的戒癮療程。此時此刻，她的人生才正要開始。

她的復原之路並不容易。跟很多酗酒者一樣，戒酒這件事並沒有想像中困難，難的是克服對酗酒行爲本身的依賴（也就是共依存症狀），還有必須重新學習面對從小到大生長於酗酒暴力家庭的情緒折磨，痛苦的程度有時候會超出她能承受的範圍。此時她的先生已經和她離婚，但她仍然掙扎著面對處理她的恐懼、憤怒和傷痛。

除了匿名戒酒會外，她也開始參加鋁阿農戒酒家族團體，一步步緩慢穩定地從絕望谷底爬上來。每脫離黑暗一步，她好像就會碰到更健康的朋友。她的體重在危機巔峰時曾超出正常體重六十八公斤，如今也漸漸開始下降。她的女兒則漸漸成長，變成一個快樂活潑、適應力佳的孩子。在療程的頭幾年，珊蒂有過幾段感情但都沒有認真投入，畢竟她要工作、照顧女兒，還要顧及自己的復原療程。但在她三十出頭時，她遇見一位眞的很不一樣的男生。他很關心她，但又不會把問題攬到自己身上。他有時候會生氣發怒，但也僅僅如此而已。他們也會吵架，但會一起解決問題，重新開始，不會有疙瘩。他們一起生活，也保有各自獨處的時間，還有各自的匿名戒酒會要參與。

珊蒂和她的第二任丈夫結婚至今已經十五年了。他們像所有的夫妻一樣共患難、共歡笑，而她前一段人生的惡夢已經變成安靜、平和且完整的過去。儘管那個惡夢不會完全離開她，它已經烙下一個鮮明的印記，時時提醒她每當承受太多壓力，或失去安全感、情緒即將失控時，要用健康的方式面對。珊蒂．多賽特此刻眞正地活著。

3 誰是小大人？有哪些症狀？

我們討論了這麼多，究竟來自功能不良家庭的小大人是哪些人呢？他們住在哪裡？收入多少？碰到什麼樣的問題？他們究竟是誰？

其實，**我們**就是小大人。

我們之中至少有百分之九十至九十五的人是小大人，稍後會詳加說明。我們之中很多人是來自酗酒家庭的小大人，符合珍娜．渥媞（Janet Woititz）的暢銷書《酗酒家庭小大人》（*Adult Children of Alcoholics*）中所列出的人格特質。我們也是羅賓．諾伍德（Robin Norwood）口中「愛得太多」的男人或女人。

泰瑞．凱洛格（Terry Kellogg）則是這麼說的：不分男女，我們當中很多人不僅僅是酗酒或家暴的受害者，我們自己往往也變成酒鬼或是家暴的施暴者。

身為功能不良家庭的小大人，我們的生活往往處於極端狀態，雖然不停地在追求良好平衡，想找到完美的生活型態，但結果卻總是差強人意。當鐘擺晃到左邊，我們感到孤單害怕、與世隔絕。當我們厭倦了這樣的狀態，鐘擺又晃到右邊，我們又覺得混亂憤怒、快要窒息。然後鐘擺便不停地來回擺動。若沒有找到一個有效的復原療程，這樣的情形會在生活中不斷發生。

在我們要去德州舉辦一個研討會的幾個月前，我們整理列出了一份清單，希望藉此向大家說明是哪些問題困擾著小大人：

1. 我們剛滿二十八歲、三十九歲或四十七歲，突然發現生活中有些地方不對勁，而我們卻再也無法自己解決問題。這或許與丹尼爾．利文遜（Daniel J. Levinson）、羅傑．古爾德（Roger L. Gould）、蓋兒．希伊（Gail Sheehy）和其他人所提出的正常人生危機階段理論相符，但它的嚴重程度以及隨之而來的痛苦與迷惘，則代表了更深一層的小大人問題。
2. 我們會對路上或在派對上年紀相仿的人投以羨慕的眼光，會對自己說：「真希望我也可以跟他一樣。」
3. 我們會說「如果誰誰誰了解我的內心世界一定會大吃一驚。」

4. 我們深愛自己的配偶並極度關愛孩子，但卻發現自己與他們越來越疏離，並越來越害怕這樣的關係。
5. 我們自認生活非常完美，結果有一天卻發現子女嗑藥、暴食、逃家或是企圖自殺。
6. 我們自覺學非所用，無法發揮自己的潛能，更因為感到困惑、害怕和迷惘，只能困在痛恨的工作中。
7. 我們對藥物成癮，或對性愛成癮，或為飲食疾患所苦。
8. 我們常常偏頭痛，過度運動，工作很有成就，婚姻卻充滿問題。
9. 我們是社交圈的萬人迷，卻在眾多朋友的簇擁下覺得異常孤單。
10. 我們之中有些人成長在極其混亂的家庭中，從小就被迫習慣酗酒帶來的家庭暴力、亂倫，以及身心靈的虐待。
11. 我們之中有些人拿自己的狀況沒辦法，因為我們經歷的功能不良狀況太過隱晦不明，以至於根本不知道自己怎麼了。
12. 我們之中有些人常常被拿來跟在學校表現優秀的兄弟姊妹比較。
13. 有些人則被灌輸一種想法，那就是只有成為專業技師、醫師、律師或是心理學家才能證明自己的價值。

14. 有些人則是整個童年都過得戰戰兢兢，因為爸爸兼兩份差，媽媽獨自帶大五個小孩，每個人無時無刻都疲憊又緊張。
15. 我們之中很多人因為小時候沒有人在身旁陪伴著而感到被忽視；或有人陪在身旁，但只提供物質上的滿足，而在情感方面缺席。
16. 有些人被不適當的溺愛給寵壞；當我們的朋友都出社會獨立自主了好幾年，我們還被困在家裡。
17. 我們之中很多人害怕與人接觸，尤其是面對權威人物。
18. 我們令別人感到害怕，尤其是我們愛的人，要求他們跟我們一起過著與世隔絕的生活，並且由我們掌控一切。
19. 我們被別人利用、虐待；或我們利用、虐待別人。
20. 我們只會憤怒，或者只會悲傷，或者只會恐懼，或者只會微笑。
21. 我們太過汲汲營營而導致失敗；或是我們根本沒有努力過，從未真正地體驗生活。
22. 我們抑鬱寡歡，抑或充滿憤怒。
23. 我們覺得空虛或混亂。
24. 我們不是在情緒的雲霄飛車上就是在情緒真空中。

25. 我們虐待自己卻照顧身邊每一個人。

26. 我們害怕別人知道自己不開心，因為怕他們發現我們其實跟一般人沒兩樣；甚至更糟的是，我們害怕別人知道我們的存在。

27. 我們無法跟兒子相處，或無法和女兒相處，或兩者皆是。

28. 我們可以做愛，但卻無法與對方有更深的情感交流。或是我們根本無法做愛。

29. 我們常常觀察別人，藉此找出在別人眼中好壞的標準是什麼。

30. 我們在某些人面前自覺矮人一截，在某些人面前又覺得高人一等，很難找到歸屬感。

31. 我們困在不是自己真心選擇的生活中。

32. 我們沉溺於過去、害怕未來，並總是對現在感到焦慮。

33. 我們工作到筋疲力竭卻不知道為什麼。

34. 我們從未感到滿足。

35. 我們害怕上帝或是期待上帝會為我們做所有的事。

36. 我們害怕或是討厭跟我們不一樣的人。

37. 我們困在無法脫離的友誼中。

38. 我們對某些事物上癮。

39. 我們把自己內在的衝突情緒投射到孩子身上。
40. 我們對自己的身體感到難為情。
41. 我們不知道活著要做什麼。
42. 我們竭盡所能承受一切磨難。
43. 我們會為了虛幻的安全感而犧牲自尊。
44. 我們渴望愛，但很少得到它。
45. 我們總是祈禱能夠得到什麼，但卻不曾身體力行去爭取想要或是需要的東西。
46. 我們希冀最好的結果，卻總是做最壞的打算，而從來不曾享受當下。
47. 獨自一人在餐廳用餐時，我們覺得全世界的人都讓我們感到非常不自在。
48. 我們到處詢問要到哪裡尋找生命的美好，但沒有人回答我們。
49. 我們在陷入熱戀後臨陣脫逃，或我們為了感情完全放棄自己。
50. 我們用愛使別人窒息，或是用愛摧毀他們，或兩者皆是。
51. 我們之中有人會因為有所行動而扭轉歷史；有人則是一輩子默默無聞。
52. 我們長大後會痛恨我們的父母；或者我們會像小時候一樣地崇拜他們，不願相信他們會像凡人一樣犯錯。

53. 我們感到內疚，因為自己受到的對待比兄弟姊妹好；或是我們感到忌妒和受輕視，因為兄弟姊妹受到的對待比自己好。

54. 我們討厭父親並且過度保護母親；或者我們討厭母親而過度保護父親。

55. 我們在五歲時遭到性侵，卻怪罪自己，覺得即使是五歲的小孩也應該知道如何處理應變。

56. 我們之中有人在成長過程中有位身體或心理患有疾病的家長。

57. 我們之中有些人是孤兒。

58. 我們是從苦難中逃脫的人，內心不斷地祈禱有一天生活能夠不只是得過且過。

59. 我們是熱愛生命的人，心中有一個被禁錮的孩子，等待終有一天可以重獲自由。

不論症狀或情況爲何，我們是功能不良家庭的小大人，因爲：

在很久以前有某件事情發生了，而且不只一次。它傷害了我們，而我們只知道一個方法能保護自己。我們至今還在保護自己，但那個方法現在已經沒有用了。

小大人的症狀

我們經歷的事件還有它所帶來的結果，會演變成各種精神或與壓力相關的失調症狀，從藥物濫用或是其他物質上癮，到憂鬱症、恐慌症、焦慮症、人格疾患、性功能失常、親密關係失調、過動、飲食疾患、強迫行爲和異常執著傾向等等。我們當然同意並非所有人的所有問題都要歸因於功能不良家庭，許多文獻也有記載如酗酒、精神分裂症、憂鬱症、焦慮症和一些體重過重問題跟生理方面的因素有關係。然而，就我們進行心理諮商多年的經驗發現，通常有酗酒問題的案主都是來自功能不良家庭，並且在自己新建立的家庭重演原生家庭的問題。

我們可以想像有兩個來自健康家庭的人，但都遺傳到容易酗酒的生理體質，而他們處理問題的方式都很正確。兩個人都告訴自己「我想我開始對這個東西上癮了」。然後他們跟家人朋友討論這個問題，開始尋求協助來戒酒。而小大人則會因爲自身功能失調而不願求援。

大部分的小大人症狀有一些相同的特性，例如：

1. 是自我否認系統的一部分

2. 有事情在自己掌控之中的錯覺

3. 初期症狀是對已知壓力的正常反應

4. 對於童年時期無力抵抗的痛苦形成一種自我防衛機制

5. 否認感覺

6. 抗拒一切親密關係

7. 感到羞恥

這些症狀之所以產生是因爲我們**否認情感**，而症狀存在的目的就是讓否認持續下去。這些否認的症狀讓我們過著與自己內心認知非常不同的生活。而當我們以爲自己握有掌控權時，其實這只表示我們放棄了用健康的方式掌控生活，卻讓外界的事物決定我們的生活方式。

當我們上癮或是有恐慌症，會有一種「自己正在掌控生活」的錯覺。而正是這控制的錯覺令我們如此害怕戒掉這些癮頭。

例如，性成癮患者眞的相信若戒掉了不健康的性愛關係，人生便會陷入一團混亂。

關係成癮者則常常迷戀上也有上癮症狀的人，並相信如果他們嘗試讓關係更健康的話，人生就會毀掉。以跑步來維持體重的運動健身狂熱者則以爲只能用跑步來尋找內心的平靜，無法跑步時，他們會極度沮喪，認爲不能跑步的人生不值得活。

這些症狀**起初都是對一些生活中已知壓力的正常反應**。我們認爲這些症狀的濫觴源自幼年時期，當時我們還在學習如何與其他人相處。當成長過程中家庭出現一些問題，無論是像珊蒂這樣顯而易見的，或是像法蘭克這樣不明顯的，孩子們都會自然而然地找合理的方法保護自己。就像我們的身體，如果傷口感染了沒有擦藥，會漸漸化膿將傷口包圍，以保護身體其他部分；我們童年的心靈會自己形成一道否認的保護屏障，以隔絕精神上的傷痛，維持平衡。

對於童年時期無力抵抗的痛苦，這些症狀形成一種自我防衛機制。否認的初期模式就是把自己一分爲二，像珊蒂的情形。珊蒂的外在是一個有能力、追求卓越的孩子，但內心其實是個害怕、受驚嚇且迷失的小孩。這樣的失調狀況越久沒有治療，她就會更加習慣否認自己眞實的感受。而我們一旦否認自己的感覺，內心就會更加難受。

所以小大人的症狀也包含了否認感覺。我們忽視受傷或恐懼的情緒。我們沉浸於那些外人對我們美好形象的讚賞。我們因爲自己是「硬漢」或「桀驁不馴」或「甜心美女」而自豪；但內心卻因爲沒有人眞正了解我們而感到絕望，所以我們的症狀還有**抗拒一切親密關係**。

我們持續自我否認，對家裡發生過的事守口如瓶，所以無法跟任何人有健康的親密關係。我們總是自我防衛，希望別人不會看穿自己的內心世界，這表示我們的症狀也與羞恥有關。我們害怕被「發現」，害怕在別人面前坦誠地展露情緒，害怕被嘲笑，害怕被批評或拒絕。

功能不良家庭的小大人症狀其實還有很多，很多人會同時符合多項症狀。例如，強迫性暴食者常常會對食物有不正常的依賴，酗酒者的伴侶往往也會對感情關係過度迷戀、在生活中其他層面出現強迫症狀、對其他人事物有不正常的依存行爲，或有憂鬱症方面的問題。

我們的用意不是要貼標籤，說這些人會造成家庭問題，或是他們會成爲怎樣的父母親。面對一位對女兒吼叫，讓她在房間哭泣的媽媽，重點也不是把她歸類到嚴重關係成癮者、共依存症狀患者，或是強迫性暴食者。對孩子而言，重點是爸爸媽媽不開心、常常吼她、每次吵架都把她扯進來，不讓她面對內心眞正的感覺。

雖然我們的清單不盡完善，但我們相信它可以勾勒出一個輪廓，讓我們知道小大人身上發生了什麼事。

一些小大人的症狀

◎情感／心理方面

1. 憂鬱症
2. 焦慮／恐慌發作
3. 嘗試自殺或有輕生念頭
4. 過度執著或強迫症
5. 藥物上癮
6. 自卑
7. 性格扭曲
8. 恐慌症
9. 歇斯底里
10. 性功能失調

11. 疑心病重
12. 親密關係上的問題
13. 解離症
14. 無法表達情感
15. 無法專心
16. 易怒
17. 挫折忍耐力低（或抗壓力低）
18. 被動的人格特質／有侵略性的人格特質
19. 非常依賴別人
20. 無法與別人互相依賴
21. 無法享受玩樂時光
22. 無法果斷行事
23. 討好他人
24. 尋求他人認同
25. 自我認同模糊

◎生理方面

1. 藥物依賴
2. 飲食疾患
3. 容易發生意外／慢性疼痛症狀
4. 神經緊繃和偏頭痛
5. 呼吸道方面問題
6. 潰瘍、結腸炎、消化系統方面問題
7. 便祕或腹瀉問題
8. 睡眠問題
9. 肌肉緊繃
10. 顳顎關節症候群（注2）

因爲這些徵兆對小大人來說相當普遍，所以我們將簡單說明上癮、強迫症、不健康的依存關係、憂鬱症、壓力症候群、恐慌症和焦慮症等症狀。

上癮

簡單來說，上癮就是生理上對某種物質產生無法控制的依賴，以至於影響日常生活到頗為嚴重的程度。這個定義因此將「上癮」這個詞的廣泛用法排除在外，例如工作成癮症、愛情成癮症、或是電視成癮症等等。然而我們覺得應該更廣泛地討論近來也常常使用的說法。此外我們懷疑上癮和不健康的依存關係僅僅是程度上的差異而已。

強迫症

強迫症是我們做某件感覺無法控制或停止的事，並感覺自己正在掌控局面。典型的強迫症行為就是不停地清洗雙手，一心想要洗掉某種想像的罪惡；或是半夜裡起床七、八次，不停地檢查門窗是否鎖好。臨床上列舉的強迫症狀有強迫性暴食、強迫性賭博、強迫性清潔和強迫性購物。聽起來很熟悉嗎？我是不是一個強迫性賭徒或是對賭博上癮？名稱其實不重要，重要的是我們知道事態已經超乎控制，傷害了我們和身邊的人。

注2：磨牙造成的下顎關節痠痛、嘴巴張不開、張開會喀喀響。

不健康的依存關係

不健康的依存關係源自於嬰兒時期的正常依賴狀態。當我們出生時，必須完全仰賴父母的哺育和照顧才能存活，否則一旦生病便很有可能死亡。爲了生存，我們才發展出對依存關係的需要。

當我們漸漸長大，對依存關係的需求逐漸轉變。舉例來說，六歲時，我們是有可能獨立存活的——很多貧困地區的孩童在這個年紀就不得不自力更生了。但若沒有大人的關照，我們還是沒有辦法活得很好。十五歲的時候，我們靠自己的能力已經可以過得不錯，至少可以滿足生理方面和人身安全的基本需求。但是那些較不明顯的情感需求呢？那些不那麼具體卻一樣強烈的需求怎麼辦？這些需求無法在功能不良家庭中得到滿足，表示我們囤積了許多不滿遺憾，直接踏入了成年人的生活。

在成長的過程中，我們的重要社會心理發展任務之一便是學習如何和他人相互依存。相互依存表示能夠做自己的主人，保持明確的自我認同，劃分自己和他人的界線，同時也承認自己需要別人協助和支持。這也表示要透過健康的方式得到幫助，而非透過沒有建設性的方式。

如果我有很多朋友，但開始覺得我爲他們付出太多，卻沒有得到相等的回報，這樣算是相互依存嗎？如果我像珊蒂一樣，追求成功、有責任感、工作表現優異，但覺得世上沒有人了解眞正的我，這樣也是相互依存嗎？或者這是不健康的依存關係，只是沒有那麼明顯而已呢？

在筆者的書《矛盾依賴》（*Paradoxical Dependency*）中說明了，有矛盾依賴問題的人，對外會表現出獨立的一面，但內心卻充滿掙扎。矛盾依賴是不健康依存關係的一個形式。表面看似堅強，但內心深處卻非常自卑、有著失衡的關係，這是不健康依存關係的明顯徵兆。

不健康的依存關係表示我們對於某種物質、工作、人、寵物等等產生強烈的情感，阻擋我們獲得幸福和滿足。這些情感就像上癮，妨礙我們聆聽內心小孩的聲音，無法用健康的方式滿足內在小孩的需求、讓他自由。不健康的依存關係讓我們否認這個情況，無法跟朋友和愛人建立健康的關係，在這之下是跟造成上癮和強迫症一樣的情緒——恐懼、沮喪、傷痛、孤獨和憤怒。

不健康的依存關係會阻礙健康的相互依存關係形成，對我們造成傷害。許多專家認爲若不健康的依存關係沒有經過治療，在生活壓力下往往會形成更嚴重的上癮狀況。

憂鬱症

所有人都曾經有過憂鬱的情緒，包含了自信心低迷、難過、鬱卒或失落、疲累、對任何事都無動於衷、暴飲暴食或是沒有食欲、嗜睡或是根本睡不著等等。許多長期憂鬱症的原因是大腦的神經傳遞物質失衡，導致大腦受到的刺激不夠。

抗憂鬱藥物對於治療這種類型的憂鬱症非常有幫助，但我們從許多僅用藥物治療的憂鬱症案例中發現，它們眞正的問題源自童年時期未獲解決的情緒垃圾。

當不知道如何得到生活所需的東西時，我們感到憂鬱；爲了懲罰別人，我們變得憂鬱；爲了得到別人的幫助，我們顯露憂鬱，所以憂鬱可以變成從他人身上獲得力量的一種方式。當我們害怕表達憤怒的情緒時，也會憂鬱。憂鬱的原因實在不勝枚舉。

我們認爲，某些正在服用抗憂鬱藥物的病患，一旦了解自己曾經是功能不良家庭的小大人並選擇面對之後，其實是不需要吃藥的。

壓力症狀

壓力症狀，例如神經緊繃和偏頭痛、各種形式的顳顎關節症候群、潰瘍、結腸炎、皮膚病、背痛、肌肉緊繃、氣喘等等，都是小大人極爲常見的問題。

這些症狀很普遍的原因是，當我們試著藏匿這些自認爲不妥的情緒時，它們會另闢蹊徑跑出來。哭不出來，結果偏頭痛；沒有告訴老婆我其實不喜歡跟她去逛街，最後還是去了，而在一旁胃痛；不承認已經很累了，卻爲了表示自己很厲害而強迫加班，造成高血壓。不管喜不喜歡，我們的身體都會對周遭的事物產生反應，而最後想要有健康或是失調的結果，決定權則操之在己。

恐慌症

恐慌症是一種非理性的恐懼感，使我們無法輕鬆地面對日常生活。較嚴重的恐慌症甚至會完全癱瘓日常生活。我們對人感到恐懼，對離開家門感到恐懼，或對上班上課感到恐懼。有些恐慌症是伴隨著單一意外事件而發生，但卻因爲某些家庭規範阻礙我們克服。這些規範會使恐慌症擴大蔓延，變成更嚴重的非理性恐懼感，更進一步地癱瘓我們的生活。

焦慮

焦慮的症狀包括顫抖、頭昏眼花、胸悶、暈眩昏厥、怕死或怕發瘋、身體忽冷忽熱、手腳覺得刺痛、盜汗、心悸、緊張不安、提心吊膽、神經緊繃、疲憊不堪、眼皮跳不停、焦躁、手心又濕又冷、口乾舌燥、腸胃不適、頻尿、腹瀉、心跳過快、擔憂、恐懼、過度關注、容易分心、無法專心、易怒、沒有耐心。

症狀有非常多種，而且很有可能是生理方面的問題引起的，所以我們強烈建議在認定自己有焦慮症之前，先做詳細的健康檢查。

此外，我們看到很多人看了許多醫生，接受很多昂貴的檢查，想要查出造成身體不適的生理原因，但其實是沒有正視內在更深層的情緒傷痛。當他們願意面對這個傷痛，焦慮的症狀將會慢慢地消失。

我們建議處理焦慮症狀的方式是先做全面的健康檢查，來排除生理方面的因素。若你想要尋求心理治療，我們建議你，除了藥物控制症狀或接受行為矯正療法之外，也可以告訴治療師，你想探索自己的症狀與功能不良家庭之間的關聯性。

我們認為，這些症狀若非生理因素造成的，很可能是受功能不良家庭影響下所產生的保護機制。

4 一些陷阱：特別是成癮問題

成長於功能不良家庭的小大人普遍有上癮和強迫性的生活型態。接下來，我們就臨床經驗、研究結果，以及個人經驗，簡單列出幾個普遍的上癮因子（見下頁表格）。你也可以自行增刪項目。

關於這個清單首先要注意的是，除了少數幾個例外，其餘都不是有害或是會造成危險的事物。很多人會去湖邊度假或是賭城小賭一個周末盡情享樂，也沒有發生任何問題。還有很多人適量地飲酒，酒精不會對他們造成任何麻煩。甚至連壓力也不危險。實際上，我們的生活若缺少壓力，會變得非常無聊。所以我們的重點不是上癮因子本身，而是要了解**上癮的形式不只一種**。

別以爲你不喝酒就沒有任何上癮問題。你可能有所有上癮者的特徵，像是自我否認、對親密關係感到不自在、不合理地需要權力或有控制欲、無法放下過去的事情、內在折磨、將內心的不安全感僞裝成自信浮誇等等，但你不是一個酗酒者。

在你看完這份清單，開始質疑自己或身旁的朋友有沒有上癮問題時，請記住只因爲你喜歡慢跑、性愛，或是看電視，並不表示你對它們產生了不健康的依賴。我們每個人都是獨特且重要的個體，對你而言看電視可能是一個健康的休閒娛樂，但對你的配偶或是孩子來說可能是個有魔力的陷阱。你老闆的工作內容可能很有挑戰性而且令人興奮，但他的助理卻可能成爲工作狂或是強迫症者。實際情形只有當事人才知曉。

以下的一些例子或許可以幫助大家分辨其中差異：

上癮因子

- 酒精
- 處方箋藥物
- 非處方箋藥物
- 非法藥物
- 食物
- 電視
- 性愛
- 工作
- 購物
- 壓力
- 慢跑
- 閱讀
- 速度感 / 危險
- 尼古丁
- 咖啡因
- 親密關係
- 權勢
- 睡眠
- 賭博
- 迷信、狂熱

吉姆在工作一整天後會先喝個一、兩杯酒，再與家人共進晚餐。通常週末他與芭芭拉會在家自己找樂子或是跟朋友出去玩，而他發現晚餐後喝個幾杯可以幫助他放鬆，也更能享受週末時光。他身邊所有朋友也都會喝酒，而吉姆一年只會喝醉個幾次而已。他覺得自己沒有問題，因為他在去年曾嘗試戒酒，也真的持續了兩個月滴酒未沾。吉姆有成功的事業、美麗的妻子和兩個很棒的小孩。吉姆是個酗酒者。

凱薩琳工作一整天後會先喝個一、兩杯酒，再與家人共進晚餐。通常週末她會在家自己找樂子或是跟朋友出去吃晚餐，這時她也會喝個幾杯。她從來沒想過要戒酒，完全不覺得有必要。凱薩琳不是酗酒者。

蘇過去幾年每週會慢跑五十公里。每隔幾年就會訓練自己參加馬拉松。她對自己的體能狀態感到驕傲，無法想像如果哪天無法繼續跑步，生活會變成什麼樣子。事實上，晨跑是她生活中最重要的事，而當晨跑行程被其他事情打亂時，她整個早上都會焦躁易怒。蘇是一個慢跑上癮者。

法蘭克每週會慢跑六十五公里，每年至少跑一次馬拉松。他也對自己的身心狀態感到驕傲。有一次他膝蓋受了傷，無法繼續跑步，他感到失望且情緒低落了一段時間，但終究恢復平常心。最近他開始考慮用游泳來做為有氧運動。法蘭克不是一個慢跑上癮者。

鮑伯每天晚上跟家人一起看電視，從夜間新聞一路看到深夜電影。當鮑伯在看電視的時候，家人若對節目有興趣也會一起看。但鮑伯什麼都看。他的老婆甚至開玩笑說自己是個「電視寡婦」，不過嚴重程度已經讓她笑不出來了。鮑伯是一個電視上癮者。

瑪莉不一定每天晚上都會看電視，端看在播什麼節目，對她而言這從來都不是一件很重要的事。即使當節目看到一半臨時有人找她出去玩，她也可以毫不猶豫地把電視關掉。有時候她甚至好幾天都不看電視。瑪莉不是一個電視上癮者。

從上述例子中你可以發現，劑量多寡並非是定義上癮的關鍵。在某些案例中，劑量可能是診斷的清楚指標，但這不是絕對的。被診斷爲酗酒者的人可能會無辜地說「可是我一年才喝醉兩、三次啊！」這也提醒我們一件很重要的事，當我們在思考自身的依存傾向和可能的上癮症狀時，絕對不能拿自己的上癮情況與別人的相提並論。

重要指標

要檢視上癮情形最好的方法，就是對照專業人士使用的上癮症狀和指標列表，藉此判斷我們**是否上癮，以及上癮程度**。我們相信上癮是有程度上的差別的，若你懷疑自己或是身邊的親友對某種事物上癮，你應該尋求專業協助以進行診斷。以下列出幾個重要的指標：

1. **對上癮因子過度關注**：成天想著它、談論它、期待它、因為它而分心，無法與別人好好相處。上癮的這一項本質令親密關係變得困難，甚至根本無法與別人建立親密關係，因為上癮成了我們的另一半。比起跟相愛的人在一起，我們對看電視、做愛、喝酒、慢跑、賭博等等更有興趣。

2. **對上癮因子的耐受性不斷提升**：我們需要越來越多的藥物或是感官刺激來達到理想的效果。但使用的越多，效果似乎越弱。隨著劑量越來越高，內心也變得越來越沮喪，因為用量增加引發我們更深的羞愧、自責和罪惡感。

3. **失控**：我們無法要自己節制。我們試著節制一段時間，或是在逼自己節制的過程中忍得臉色發白、易怒、生氣、孤單和封閉。我們發誓這是最後一次進行強迫症式的性愛，或是最後一次看一整天電視，或是最後一次喝酒，或是最後一次服用鎮定劑，但隔天醒來卻又舊事重演。

4. **戒斷症候群**：一旦停止使用任何上癮物質，我們就會出現一些戒斷症狀，像是易怒、憂鬱、悶悶不樂、多愁善感、生氣和有敵意等等。這些症狀不只符合藥物上癮者，對其他事物上癮也是一樣。若要求對電視上癮的家庭停止看電視一個月，他們經常會出現相同的症狀。

5. **偷偷摸摸**：藏匿酒瓶；抱著羞愧感買了色情書刊然後偷偷藏在車子裡或床底下；晚上出門前先喝幾杯酒或是吃幾顆鎮定劑，確保血液裡有足夠的劑量，以免整個晚上再也沒得喝／沒得吃。

6. **矢口否認**：我們在之後的章節將會有更深入的討論。它包括對自己的症狀或是使用上癮物質這件事的防衛心態，還有否認這些作為對自己或是身旁的人帶來的後果。這就好像世界要毀滅了，我們卻說「哪有什麼問題？一切都好好的啊！」或者說「上癮？我才沒有上癮呢！只要忙完這個專案我就會沒事了。現在只是一時的工作壓力讓我比較反常而已。」

7. **個性改變和情緒起伏**：一下開心，一下沮喪，一下開心，一下沮喪。生氣，高興，又突然生氣。悶悶不樂，喜怒無常，易怒，難過，過動，興高采烈，然後又變得難過。有些時候這些情緒波動非常明顯，但有時候又很難察覺。

8. **抱怨**：都是別人的錯。孩子被寵壞了。另一半不夠貼心、不夠性感，或不夠努力賺錢。老闆是個蠢蛋。幫我做身體檢查的醫生不夠專業。有這個症狀的人，非常無法面對生命中自己應負的責任。

9. **失憶**：當藥物上癮時，在藥效的影響下我們可能會想不起自己到底做了什麼——我們不記得怎麼開車回家或是如何上床睡覺的，或是昨晚在派對上跟那個女人說了些什麼。在其他上癮狀況下，我們則可能發生「解離性失憶」，也就是沉浸在上癮的狀態下而與現實分離，不記得任何事情。我們做白日夢、昏昏沉沉、神遊太虛。

10. **生理症狀**：視上癮物質為何而定。若非藥物上癮，常見的生理症狀有壓力造成的失調，例如頭痛、胃潰瘍等等。

11. **固執刻板的態度**：非黑即白的思考模式；無法接受他人意見；強迫症；全有或全無的想法。

12. **喪失自我價值**：當上癮的程度越來越嚴重，我們會變得越來越無所謂。我們不再關心自己，只跟比自己差的人混在一起。而道德標準的淪陷使我們做出一些在上癮加重前從來不會做的事——不正常的性愛關係、不體貼的行為、傷害人的舉動，和非法的行為。

13. 殘疾／死亡：藥物或毒品會帶來生理傷害；壓力會造成相關症狀，如癌症、心臟病、中風、自殺；而這些都可能造成死亡。

有兩個因素與大多數的上癮因子脫不了關係，那就是**生理性上癮**以及**社會性／情緒性上癮**。

生理性上癮

許多專家現在都同意，很多酗酒者的體質令他們容易對酒精上癮。在還沒開始喝酒前，他們的大腦與血液中的化學物質就和非酗酒者不同。還有一個有力的證據是，酗酒者對於酒精的代謝方式也跟非酗酒者不同；飲酒後，他們的大腦會產生一種類鎮定劑效果的物質。

再來看看對愛上癮的症狀。近來有一個有趣的研究發現，腦中有一種特殊的神經傳導物質，會在我們墜入愛河時顯著增加。研究表示，我們熱戀時所感受到的精力充沛、興奮、狂喜和幸福感，很大一部分跟這個神經傳導物質有關。墜入愛河時，這個物質產生越多，我們就會感受到越強的愉悅感和幸福感。

當戀情的新鮮感逐漸降溫，這個物質的累積量也逐漸減少，於是我們開始覺得無聊、難過，甚至憂鬱。當然，展開另一段新戀情可以治癒這些情況。或許有些人不停地在尋找下一個對象，總是在戀愛和失戀，部分原因就是對這個神經傳導物質上癮。

社會性／情緒性上癮

不論成癮因子爲何，社會性／情緒性的因素都非常普遍，不管大腦的化學作用或是身體的生理機能如何。目前我們對這些因子比較有控制的能力，所以希望能加強討論這個部分。幾乎所有的成癮案例都包含以下社會性／情緒性要素：

1. 暫時性焦慮感降低

2. 暫時性壓力降低
3. 暫時性感受到權力與幸福感
4. 逃避真實感受
5. 逃避迫切的生活問題和社會心理發展任務
6. 逃避親密關係

基於上癮的本質，這些好處都不會持久。當喝酒的愉悅感褪去，我們的狀況只會比喝酒前更難受，隔天醒來宿醉頭痛，覺得羞恥和有罪惡感。

當我們瘋狂購物時，心中的焦慮感暫時降低，無聊和沮喪感也暫時解除，但效果來得快去得也快。購物完我們更有罪惡感，覺得緊張、羞愧，並爲下個月如何支付信用卡帳單而焦慮。

與瘋狂迷戀的人出門約會時，我們可能會充滿愉悅感，感到快樂不已，但約會一結束，我們就發現自己痴痴地守在電話旁等對方來電，之前的安全感消失無蹤，取而代之的則是自卑、焦慮、沮喪和絕望。

簡而言之，這些上癮因子能夠很快地塡補我們在社會心理發展的不完全之處，但只是暫時的。若太常使用它，我們就不會有機會將那些空隙永遠填補起來。

多重上癮

之前的故事中提到的珊蒂是酗酒者和食物上癮者。法蘭克則是工作狂，後來在療程中發現他也是性上癮者。在我們的臨床經驗中，只對單一事物上癮的情況很罕見。

原因很簡單。這些上癮的症狀其實源自我們童年時期在家庭系統中產生的潛在依存問題。家庭功能越不健全，就越可能造成較深層的依存問題。依存問題越嚴重，對生活的影響層面就越廣；因為內心越來越痛苦，令人感到害怕，所以我們只好自我防衛，極力否認痛楚，試圖把它藏匿起來不讓別人發現。比起只對食物或酒精上癮，同時用酗酒、暴食、抽菸和完美主義來隱藏內心的痛苦，會更有麻痺效果。

請記住，就算是一位未受過訓練的觀察者，當他看到有人同時對這些事物上癮，也會很容易察覺對方是有問題的。但是對某些因為害怕被人發現，所以沒有機會從身旁朋友得到意見的上癮者來說，他可能會誤以為沒有人知道他的「祕密」。

處理多重上癮跟單一上癮症狀的方法並沒有不同。化解了初期的否認和自我防衛心理之後，我們會先著手治療最嚴重的上癮疾患（如酗酒），在恢復的過程中再著手治療其他症狀會比較容易。一開始酗酒者可能會對自己說：「我知道自己應該要戒酒，但我需要找其他東西來替代。」

在治療了幾年後，他會覺得要戒除另一個上癮症狀變得比較容易了。身爲上癮者的我們總會想還有什麼外在因子能夠依賴。而當進入健康的復原療程後，我們會開始思考現在健康狀況如何，還要怎麼做才能變得更健康。我們整個思考邏輯系統將大幅改變。但在復原的初期，原本的上癮疾患非常有可能會被新的癮頭取代。要戒除暴食的人可能會變成慢跑上癮者，直到他發現跑步無法帶給他如食物所帶來的平靜。這純粹代表了復原還在很初期的階段，當事人必須更努力去處理內心深層的痛苦。復原的最終目標是拾回內在的平靜和了解自己，並脫離上癮因子的控制。踏上復原之路的第一步便是戒除上癮因子，才能更直接地看見、感受、碰觸，和處理上癮眞正的原因：深層的依存問題。

間奏 5 熊先生與熊太太

很久以前，在一條潺潺溪流旁有個茂密的叢林，裡頭住著一隻大棕熊。他很喜歡他住的地方，這裡有清新的空氣，河流裡有豐富的魚群，耀眼的陽光穿過松樹的綠蔭灑落在地上，還有廣闊無際的草原和陰涼的森林。他每天悠哉地在溪邊休息，賴在他最喜歡的岩石上曬太陽打盹，有時覓食打打牙祭，或是跟另一半嬉鬧玩耍。

有一天，當他從容地走向溪邊，想要喝一口清涼的溪水時，意外發生了。喀！一股劇烈的痛楚穿透他的腳掌。他奮力向前撲，想要逃跑。砰！一個捕獸夾緊緊地夾住了他的腳。設陷阱的人用一條粗重的鐵鍊將捕獸夾牢牢地釘在地上。

「糟糕！」熊先生大喊，「這是陷阱！」

他無法掙脫捕獸夾，而頭腦也無法理解和分析要如何面對這個困境。他陷入了大麻煩中。

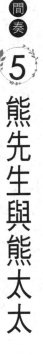

經過幾個小時痛苦的掙扎，熊先生幾乎快將自己的腳掌撕裂了，到處血跡斑斑。他大聲呼叫熊太太，她終於聽到呼救聲趕來。但她也無能爲力，只能耐心地坐在一旁安慰他，靜靜地流淚，並等待奇蹟的降臨。

又過了幾個小時後，他終於掙脫了捕獸夾，難過地離開那個地方，緩慢地爬回樹叢中。熊太太則留在原地，試著想通這一切究竟如何發生的，但卻怎樣都摸不著頭緒。她的頭腦跟熊先生一樣，無法理解這種事情。

最後，她回到洞穴，熊先生正試著爲自己療傷。他們整個晚上都在討論白天發生的事，但沒人搞得清楚。就他們的腦容量可以想得到的方法，他們只能決定從此不再回到那個地方。他們眞的再也沒回去過。

Part. 2

家庭根源

關於回憶過往，有一種雖然安全但可能會令人沮喪的方法，就是用力拉開被東西塞滿的抽屜。如果你刻意找尋某樣東西，可能會找不著，不過那些掉落在抽屜後面的東西往往更有意思。

——詹姆斯・馬修・貝瑞（J. M. Barrie），《彼得潘》（*Peter Pan*）

6 家庭系統：結構、功能、角色與界線

我們之所以能了解小大人症狀和其背後的原因，都要歸功於家庭系統的研究（注3）。因爲它是如此重要，所以我們要在此花一點時間介紹家庭系統的基本概念，讓讀者初步了解自己的家庭架構。

每個系統都有自己的架構和功能。我們的神經系統由大腦、脊髓，和傳遞訊息的神經所組成。它的功能是傳遞體內的訊息，讓身體能與外界溝通。循環系統則是由心臟、靜脈、動脈和微血管所組成，其功能是透過血液輸送體內細胞需要的養分，並帶走細胞排出的廢物。一個企業或組織也有自己的架構，包括總經理、副總經理，經理和員工等等，功能則視組織目標而訂。

舉例而言，組織的功能可能是生產及銷售電視機，獲利並提供員工穩定的工作和供給商品給社會大衆。

每個家庭也有各自的架構和功能。家庭架構由家庭成員所組成，包括父母親、小孩、祖父母、叔叔阿姨，或是和這個家庭長時間相處的人們。家庭架構的其中一個部分則是家庭成員間的界線和關係，像是誰可以與誰溝通，或其他類似的情形。若一個家庭中爸爸跟長女的關係比跟媽媽還親密，這個架構就會跟爸爸和媽媽比較親密的家庭非常不同，即使兩個家庭的成員數量是一樣的。當心理治療師協助你建構你的家系圖（genogram）時，便是在幫你探索家庭架構。

下一章我們將會提供讀者一個簡化版家系圖的例子，它曾經幫助我們許多案主逐漸了解自己在成長過程中發生了什麼事。現在，我們要用一個比喻解釋，這個比喻出自於國際知名的家族治療師維琴尼亞‧薩提爾（Virginia Satir）和她的學生魏士德克魯斯（Sharon Wegscheider-Cruse），一個以研究依賴藥物的家庭系統著稱的學者。

注3：家庭系統的研究部分，作者引用了以下著作中的理念：莫瑞‧鮑文（Murray Bowen），《臨床家族治療》（*Family Therapy in Clinical Practice*），薩爾瓦多‧米紐慶（Salvador Minuchin），《結構派家族治療入門》（*Families and Family Therapy*），維琴尼亞‧薩提爾（Virginia Satir），《聯合家族治療》（*Conjoint Family Therapy*）。

這個比喻是用懸掛吊飾爲例。你可以想像在客廳天花板上有一個懸掛在半空中的懸吊藝術品，注意每一個獨立的個體如何巧妙地在整體中維持平衡。儘管每一顆水晶或是每一片金屬是各自獨立的，卻組成了一個整體，一件美麗的、完整的藝術品。若你撥動其中一塊，這股能量也許會使她以無法預測的方式晃動——但她不是自己動起來的。雖然每一個部分看起來都是獨立的，但卻藉由線或鐵絲與其他部分串連起來。因此，只要她接收到能量，就會傳遞到裝置的每個角落，即使看不出來造成了什麼影響。

換句話說，吊飾的每一部分發生的事都會影響到其他部分。當你停止碰觸，每個部分將會回歸原位。這個吊飾是一件完整的藝術品，她就是應該呈現出原本設計的樣子。所以她回到原本的狀態，靜靜地吊在那裡，吊飾中的每個獨立個體落在屬於自己的位置，繼續傳達她被賦予的功能，讓我們享受她的美麗。薩提爾透過這個比喻，清楚地讓我們了解家庭系統的樣貌。

懸掛吊飾告訴我們很多關於系統的原則，包括：

1. 系統有一個明確的架構。懸掛吊飾中的每個個體都有自己的位子。如果我們將她重新排列，就不是「原本的」她了。

2.整體的力量比個體的加總來得更大。懸掛吊飾不僅僅是幾根鐵絲、幾塊水晶而已。她是一個有獨特身分的藝術品，每個個體的位置如何安排定義了她。

3.任何一處微小的變化，都會對系統中其他部分產生影響（但影響的效果未必相同）。

4.依循動態平衡的原則，系統一定會試著回到原本的狀態。若系統在經碰觸之後沒有回到原本的樣子，就不是「原本的」懸掛吊飾了。

不健康的家庭系統

現在我們將懸掛吊飾裡的每個部件都換成家庭成員。一個是爸爸，他每天都很辛苦地工作，看很多電視。另一個是媽媽，不僅工作忙碌，還常常要煩惱孩子的事。還有一個是大兒子，成績優異，是高中畢業班的學生致詞代表。再來是排行老二的妹妹，乖巧又安靜，大家都說她是個乖孩子。最後還有一個小弟，可愛活潑又逗趣。這個系統是處於平衡狀態的，並且有自己的架構。這是個完整的家庭，並不只是爸爸、媽媽、大哥、妹妹或小弟等個體被放在一起而已。就像所有系統一樣，若其中一個成員發生事情，會影響所有成員；每個人都會下意識地試圖把他拉回原位，而這樣的反應是不帶惡意的。

所以，爸爸成天工作和看電視，媽媽成天工作和操心。爸爸媽媽沒有好好照顧自己，也沒有好好經營婚姻。老大努力考高分，也努力成爲足球場上的明星。老二則繼續當個乖小孩，努力融入周遭環境，不打擾任何人。老么則變得越來越可愛逗趣。

爸爸和媽媽開始對婚姻生活感到空虛，兩人日漸疏離，這在系統中產生了一股壓力，但沒有人願意談論它。爸爸電視越看越多，大兒子在學校表現越來越傑出。老二變得更乖，小弟則感受到了緊繃壓力，而和他八年級的同學們偷喝酒。爸爸開始擔憂，媽媽更是煩惱得不得了。老大爲了確保家庭一如往常，又努力獲得更多嘉獎；老二變得更乖更安靜，也更努力要融入大家……然後小弟吸食毒品被抓到。

此時平衡系統遭受衝擊了！有事情發生造成這個混亂局面，而我們知道是什麼事情，我們可以解決，因爲我們是一家人。讓我們聚在一起，握緊彼此的雙手，一同找出問題，分析它，深入探討，列出解決方案，把這惡火撲滅吧！小弟遇到了麻煩，而我們絕對不會放他不管，我們會好好幫助他，而且說到做到——我們要小弟接受心理治療。

因爲我們關心小弟，所以在心理治療師的建議之下，全家答應一起做家庭諮商。我們去了，而治療師想要檢視整個家庭系統。他開始把焦點放在媽媽和爸爸身上。我們覺得很奇怪，其他人都沒有問題啊！看看大哥，他表現得這麼好；再看看妹妹，她這麼乖巧；再看看爸爸和媽媽，他們這麼努力工作。沒錯，就只有小弟有問題，拜託請好好治療他吧。

但這不只是小弟的問題，只是我們看不清這一點。我們終止了家庭諮商，因爲檢視自己的內在讓我們很焦慮。

小弟的脫軌行徑還是持續上演，他不斷翹課、吸毒、偷東西，必須送到心理治療中心。在那裡，他開始覺得自己慢慢變好，因爲有人願意聆聽他的心聲，有人要求他爲自己的行爲負責，而不是讓他活在一個功能不健全的系統之中，卻要求他行爲良好。

三十天後，小弟覺得好很多了。他回到家，每個人都覺得問題解決了，但事實並非如此。因爲系統中的其他成員沒有爲自己的問題做出任何改變。爸爸和媽媽沒有面對他們搖搖欲墜的婚姻，大哥沒有察覺成天追求好成績的負擔有多沉重，而小妹沒有意識到自己一天到晚當乖乖牌會錯過多少人生中的精彩事物。因此，這個系統非常有可能回到原本的狀態，就是小弟會持續在這個家中扮演他的角色，繼續用脫序行爲來表現出整個家庭的痛苦，其他人就不需要承認家裡有任何問題。

像這樣的情形很常發生，而除非整個家庭得到幫助，不然小弟很可能會做出更乖張的行爲。最後不是等到他長大離家，自己得到幫助，就是被抓去關，或死於酗酒、自殺或是車禍意外。如果他夠幸運，當他離家以後，他會嘗試尋求協助。

若家庭仍然拒絕接受集體諮商，諮商師會建議他離這個家越遠越好，並且發展一個「新的」家庭系統來取代功能不良的系統。新的系統可能是一個治療團體，例如匿名戒酒會、鋁阿農戒酒家族團體、全國酗酒者子女會或是其他有功能和規範可循的支持系統，讓小弟可以漸漸融入而不會焦慮抓狂。

現今有越來越多的案例是整個家庭願意進行家庭諮商，而非只爲了某一個成員，是因爲當家族成員出現問題時，其實代表整個家庭系統出了問題。當家裡有一個成員出現嚴重的適應問題時，大多表示其他成員也面臨了某些程度的問題。只是其他成員的自我防禦機制和扮演的角色比較能爲社會所接受，表面上看起來比較不會造成麻煩而已。

健康的家庭系統

另一個問題來了：那健康的家庭系統會如何應對呢？心理健康不代表問題不存在，而是有能力以健康的方式來處理問題。一個健康的家庭系統也像是一個懸掛吊飾，但家庭成員的規範和界線，角色和互動方式則不盡相同。

以上述的例子而言，健康家庭系統裡的父母親可能會找一天坐下來跟對方說：「你知道嗎，過去幾個禮拜以來，我的工作量大到有點喘不過氣，也覺得和你有些疏遠，而我不喜歡這樣的感覺。我想我們需要改變。」

爸爸可能會說：「是啊，我最近有種卡住的感覺。總是在工作、工作、工作，然後整個晚上都癱在電視機前面。」

媽媽則回應：「我也覺得花太多時間擔心孩子們，卻什麼事都沒有做。」

他們決定要爲這段婚姻做點什麼，增加相處的時間，互相分擔家務，跟孩子分享各自的生活，問他們過得如何。

因爲他們已經發現並且承認自身的壓力，也努力改變現況，他們因此傳遞給小孩一個清楚、健康、強而有力的訊息，就是「改變是可以接受的」；承認問題的存在並找出方法應對是可行的。

父母以身作則，用行爲明確的授權，孩子們便能表達自己的恐懼、需求和欲望。

大兒子可能會說：「對啊，我最近念書也念得好累。做個傑出的學生是很不錯，但我也需要多一點社交時間，像是多認識一些朋友，好好玩樂一下。」

女兒可能會說：「我朋友都說我是好人！但我覺得有時候因爲我人太好了，所以他們會占我便宜。這讓我很生氣，也讓我覺得總是當一個好人其實沒那麼好。」

而小兒子可以坦白地說：「我已經受夠了每個人把我當玩具。我雖然年紀小，但不是玩具。我有權利和感覺，而且我也想要爲家裡的事情負起責任。」

這聽起來很牽強嗎？不可能發生？太做作？其實不然。受限於篇幅，我們省略了健康的家庭協調這些改變的諸多細節；但在此呈現的內容完全符合健康家庭在經歷改變時的樣貌。最終應爲家庭系統運作負責的父母親會做出健康的改變，而那些改變在系統中會不斷產生健康的迴響；而在第一個例子中，不健康的否定會造成惡性循環，最終小兒子則成了「代罪羔羊」。

家庭功能

每個系統都有許多功能，家庭也不例外，例如扶養功能：家庭能滿足我們的基本需求，像是食物、衣服、住所。家庭系統可以用很多不同的方式來滿足這些需求。有時候某一位家庭成員會付錢購買所需的東西，有時候則是每一位家庭成員都參與並負責滿足基本需求。

家庭也提供成員安全感、**溫暖**、**撫育**。健康的家庭系統中，成員們會互相關心，提供適當的慰藉，一同歡笑、一同哭泣、分享喜樂、保護對方不受傷害。

心理學家亞伯拉罕．馬斯洛（Abraham Maslow）曾經說過，我們需要愛和歸屬感，這跟剛剛所提到的家庭功能類似。我們需要與人溝通，需要隸屬於某個團體或單位，需要被愛被包容，這都是一個健康運作的家庭所能提供的。

我們也需要自主權或獨立性。一個健康的家庭會允許成員自主判斷（視家庭成員的年齡），允許孩子選擇喜歡或不喜歡的事物，或他們未來想要做什麼。家庭賦予他們隱私權、獨特性、還有歸屬感。孩子的性格和需求隨著成長有所轉化，而家長也能夠改變原本對職業或應該扮演的角色的想法。父母和孩子能夠相親相愛，卻不過度干涉對方的生活。

家庭還提供了另一項功能，那就是喚起每一位成員的自尊心和自我價值感，藉由讚賞而非批評，用健康的方式建立技能，而非要求或逼迫成員有完美的表現。我們深深相信每個人的存在都有其價值，而且每個人都有重要、富有意義的東西可以貢獻給這個世界和自己的家庭。一個健康的家庭會讓每個成員找到自我價值、尊嚴和意義。

家庭也會犯錯。沒錯！健康的家庭容許我們犯錯和表現不完美。有時候放縱撒野一下也沒有關係。或許我們可以稱之爲「紓壓功能」，想像一個充滿熱騰騰蒸氣的系統，若沒有一個釋放壓力的閥門，那可不太妙。

家庭會充滿歡樂。我們可以傻笑、嬉鬧、充滿創造力，並且放鬆做自己。這就像是佛洛伊德說的初級歷程思考（primary process thinking），也是人際溝通分析（Transactional Analysis, TA）中兒童的角色。一個喜歡玩樂的家庭，在面對衝突和壓力時，往往也能以較有創意的方法來解決問題。

家庭也是有靈性的。家庭所提供的重要功能之一就是靈性。在此所指的不是正式的宗教信仰，而是我們與宇宙萬物的關係，還有我們身邊難以形容的、無法解釋的、宇宙中至高無上的力量。人們之所以能夠學習放下不重要的事物，並對某些事情堅持不懈，往往跟靈性有關。

一個家庭還可以提供很多其他功能，但我們先來看看功能不良的家庭會發生什麼事，使我們受困於功能不良的角色中。

功能不良的角色

每一個家庭成員都應該從家庭中獲得以上所列的需求和功能。在功能不良的家庭裡，這些功能常常會指定特定成員來執行。我們來看看一些功能不良家庭角色的發展。

付出者

付出者做很多事情。付出者爲家庭提供大部分的撫養功能。他們幫小孩穿衣服、餵小孩吃飯、付帳單、燙衣服、煮三餐、送小孩去上才藝班。付出者眞的做很多事情。但在一個功能不良的家庭，這一切都必須仰賴付出者的時間精力。所以付出者覺得疲累、孤單、被占便宜、被忽略，感覺非常空虛。但付出者同時也從中得到滿足感和成就感，家庭成員也直接或間接地鼓勵付出者這麼做。最終能夠支撐著付出者持續下去的，只剩內心不健康的罪惡感和過度發展的責任心。

協助者／熱愛者

協助者爲家庭提供撫育和歸屬感。有時候這個人也是付出者，有時不是。對協助者／熱愛者而言，最終目標是把大家團結在一起，不計一切代價維繫家庭的完整性，甚至訴諸肢體暴力或死亡的威脅，試圖安撫每個人的情緒，以及避免衝突發生。害怕被拋棄和擔心其他家庭成員無法自立，常常是這個角色的形成原因。

迷失的孩子／獨行俠

魏士德克魯斯指出，迷失的孩子用逃避的方式來面對家庭功能不良的情況。但實際上，這個孩子（或是家長）某種程度上其實是在照顧家庭對獨立自主的需求。這樣的孩子常常一個人待在自己的房間裡，或是獨自在外面玩耍。他們是獨立的，但這樣的獨立並不健康。扮演這個角色的人內心充滿了深深的孤獨感。

英雄

英雄為家庭帶來尊嚴。他念法律並成為知名律師，但心中有個祕密讓他深感羞愧，因為他的妹妹住在精神病院，弟弟酗酒而死。但為了維護家庭的名譽，他對外界總是展現美好的一面。他讓家人感到驕傲，卻犧牲了自己的幸福。

開心果

扮演這個角色的往往是家中年紀最小的孩子。開心果提供家庭幽默感和喜劇般的紓壓效果。他爲家中注入一絲有趣的氣氛，或是傻里傻氣、扭曲的「歡樂」。

做爲家中的開心果是要付出代價的——他們沒有任何表達痛苦和孤獨的機會，而這份情感的缺陷會持續存在，直到接受治療。

代罪羔羊

代罪羔羊會將家庭功能不良的現象大肆表現出來，因此必須爲這個家承擔外界的責難。他會吸毒或是偷竊、成爲害群之馬、常常打架，或有不當的性行爲。最後家人會說「如果小弟有盡到他的責任，我們就會是一個健康快樂的家庭。」代罪羔羊付出的代價十分明顯。

爸爸的小公主／媽媽的小王子

我們在本書稍後會繼續討論這個角色，它其實是一種嚴重的情感虐待形式，很多專家稱之爲**情感亂倫**或是**隱蔽亂倫**。小孩會覺得扮演這個角色很好，因爲可以成爲父親或母親的「小配偶」。但這孩子卻無法好好地做個小孩，而是被父親或母親誘使來扮演這個角色，因爲父母自己太過害怕、心理失調，無法找個成人來滿足他們的需求。如果我們小時候被賦予這樣的角色，長大後通常會在感情關係中受到生理或心理的虐待，因爲在我們小時候，角色的界線沒有受到應有的尊重。

聖人

這是一個象徵家庭靈性的小孩，被賦予厚望，希望他長大成爲牧師、修女、祭司或和尚，而非傳宗接代的角色。這樣的寄望往往不會明說，而是默默地暗示，巧妙地加強鼓勵。這個小孩會無意識地自我形塑，認爲只有成爲神職人員，表達家族靈性的一面，活在世上才有意義，若非如此，他們的人生就沒有價值。

我們還可以列出其他許多功能不良角色的樣貌，而且當中很多人在成長的階段會扮演各個不同的角色。迷失的孩子也可能是代罪羔羊。開心果也可能在日後成爲英雄。

很多人會問：「難道健康的家庭中不會出現這些角色嗎？」我們的回答是不會。存在於健康家庭中的是各種不同的人格特質，而非角色。一個家庭成員可能是害羞的，而另一個成員則活潑又善交際。近期的研究強烈顯示這跟家庭成員的基因差異有很大的關係。

難道害羞就表示與世隔絕又孤獨嗎？健康家庭有辦法滿足害羞孩童的一切需求嗎？

當然可以。一個害羞的孩子還是能夠感受被愛和歸屬感，也能夠接受自己，相信自己存在的價值。他可以犯錯而不用害怕因此被虐待。他也可以獨立，但不會因此感到孤立無援。他可以重視靈性。他可以找樂子。誰說害羞的人不會享樂呢？

這些角色之所以功能不良，就是因爲他們只是「角色」。健康的家庭不會要我們演出特定的劇本。若一個「害羞的人」偶爾「失控地」大聲嬉鬧，有人會因此羞辱他嗎？誰會跟他說「嘿，小子，你應該是安靜害羞的角色，所以閉上你的嘴，才不會破壞家裡的平衡。」一個健康的家庭會對害羞的孩子說出這種話嗎？當然不會！只有功能不良的家庭才會這麼做。

界線

這裡所指的是心理和人際關係的界線，跟實體上的界線如私人土地、城市邊界，或國家疆界是一樣的道理。在本書中，我們要檢視三種類型的界線：

1. 個人界線

2. 隔代界線
3. 家庭界線

在每一個類型中會有三種狀態：

1. 封閉的界線（強勢的）
2. 彈性的界線（健康的）
3. 模糊的界線（弱勢的）

每個人都應該擁有自己定義的清楚界線，就像受到一道心理圍籬的保護。這樣的個人界線會讓特定的事物進入我們的生活，也排除某些特定事物。

當朋友問我這週六可不可以去他們家幫忙粉刷牆壁，而我決定要利用週末好好休息放鬆，我就是在爲自己設定個人界線。但當他們繼續央求，還利用罪惡感來操縱我時，便是在試圖破壞我設定的界線。他們正在侵犯我的領域，這稱爲侵犯個人界線。

同樣的道理，如果在我不願意的情況下有人強行要跟我做愛，也是侵犯個人界線。

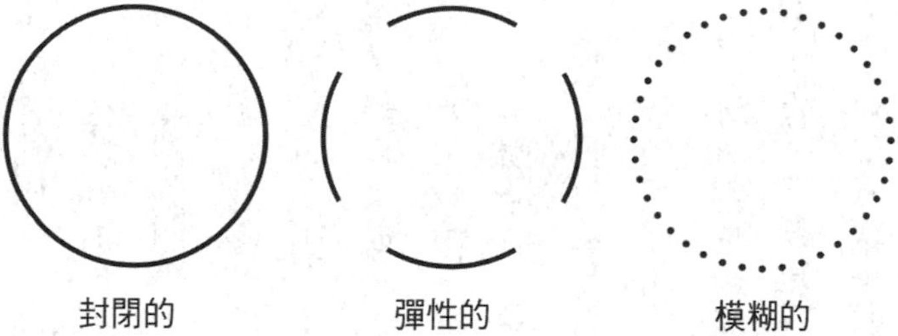

圖6.1　個人界線

若界線設定太弱，我會讓所有人對我予取予求，變得無法拒絕別人。如果這樣的情形維持太久，會發展成嚴重的情緒問題；最終我會偏向另一個極端，設定完全封閉的界線，沒有人可以要求我做任何事，我也不對任何人付出，變成一個情緒的隱士，孤獨地活在無人島中，誰都無法侵犯我的界線。但又有誰在乎呢？我的生活中除了自己，也沒有其他人了。

當朋友或情人持續地侵犯我的個人界線數個月或幾年後，我可能會絕望地尖叫：「不要！你這個自私的控制狂，大混蛋！我這週六才不要幫你油漆牆壁，不管哪一個週六都不要！而且我才不希罕你的友情，你再也不准靠近我家一步了！」

雖然封閉的界線可以提供暫時的保護，但代價卻相當昂貴。到最後我會變得太孤單無助，以至於在毫無預警的情況下，偏向另一個極端。當我實在是孤獨到要發瘋的時候，會很想藉由幫助別人來交新朋友，但卻壓抑了自己的成長空間，最後那個人可能會利用我，直到我再次崩潰。

在功能不良的家庭裡，我們會在封閉和模糊的界線狀態之間不停地來回擺盪，希望能找到某個平衡點。但眞正的平衡其實發生在擺盪的過程中，也就是所謂有彈性的界線。處在有彈性的界線時，我們可能會說：「你知道我其實很想抽空幫你，但過去這一個星期的工作實在太累人了，所以我這一次只好拒絕你，不好意思。」

聽起來很簡單吧，但一點都不容易！試著回想，有多少次你把別人的事看得比自己的重要，最後累得筋疲力盡？爲何不先好好照顧自己呢？

「我是累了沒錯，但他畢竟是我最好的朋友……」如果他眞的是你最好的朋友，他就應該體諒並尊重你爲自己設定的界線。

我們相信無法設定健康界線的潛在原因，是我們非常恐懼拒絕別人之後會**被拋棄**。據估計，**害怕被拋棄是絕大部分依存和上癮行為的心理動力**，而我們是如何演變成這樣的狀態，則跟先前提及的另外兩種界線類型有關。

隔代界線指的是一條無形的線，區隔了孩子跟家長和其他大人之間的關係。

若家長不擅於表達情緒，或者不知道如何傳達對孩子的愛，或他們的個人界線屬於

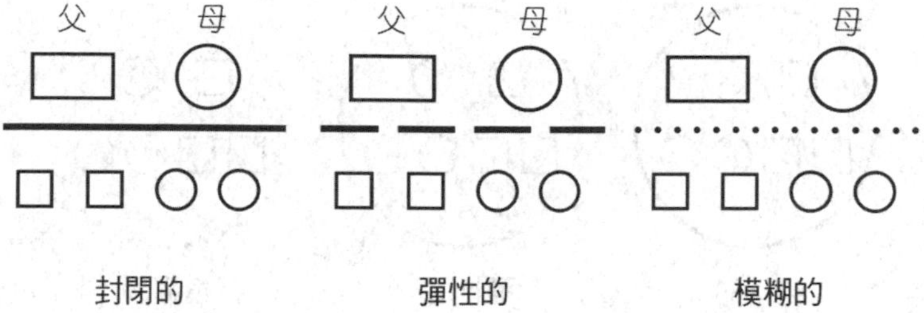

圖6.2　隔代界線

封閉類型，那這個家庭的隔代界線也會呈現封閉的型態。身爲他們的孩子，我們在孩童時期常常備感孤獨，缺少父母親實質上或精神上的陪伴。他們從來不跟我們玩，不試圖理解我們的感受，好像一點都不關心。他們是遙遠而疏離的，家庭氣氛冷漠又空虛。在某些家庭中，隔代界線可能大多數的時間都是維持封閉的狀態。某些家庭可能**偶爾**會轉變成模糊的界線。還有些家庭則**總是**處於模糊的隔代界線，與封閉的隔代界線是相反的。

在模糊的隔代界線狀態下，大人和小孩之間的界線非常不清楚，此時功能不良的家庭便很容易發生亂倫的情形。當大人和小孩發生性行爲，不僅小孩的個人界線受到侵犯，大人和小孩之間的界線也同時遭到破壞。當我們將孩子視爲大人，便破壞了隔代界線。

情感的亂倫比身體上的亂倫更爲普遍。我們將孩子

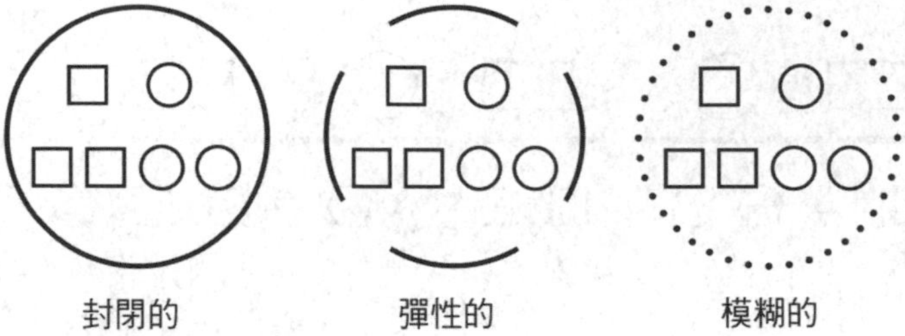

圖6.3　家庭界線

視爲自己的「迷你版配偶」，向他們尋求心理支持，跟他們分享心裡的問題，稱他們爲「媽咪的乖男孩」或是「爸爸的好女兒」。我們要求他們來彌補我們無法自行滿足的情感空間，但這其實是孩子們需要從家長身上獲得的。這不但聽起來很不可思議，還會使孩子患上嚴重的心理問題。

舉例來說，在父母離婚後，侵犯隔代界線的情況會很容易發生。爸媽從孩子身上尋求原本應該是配偶所提供的情感支持，而爸媽這麼做會讓孩子覺得自己很重要，很有力量，也因爲孩子們本身也很脆弱，更容易成爲情感亂倫下的受害者。它掠奪了孩子童年應有的安全感，也讓孩子認爲若要得到重要的東西，就必須成爲受害者。界線受到侵犯的我們都是受害者。

家庭界線指的是將家庭視爲獨立個體時，圍繞在家庭周圍的疆界。一個家庭若不鼓勵成員表達意見，就是擁有封閉的家庭界線；在此只有「我們家」對抗外面的世界。

小蘇西興高采烈地回到家，跟媽媽說凱倫的媽媽教她們烤麵包好好玩，媽媽卻一臉冷漠，生氣地挖苦她說：「既然她媽媽這麼有趣，妳怎麼不乾脆去跟他們住好了！」或看到朋友們都去某個同學家參加生日派對，自己生日時也想要在家裡招待同學，但在封閉的家庭界線裡，這是不可能發生的。我們很少看到家裡有客人來訪，整個家就像住在孤島上，越來越孤獨，最終變得非常不健康。

模糊的家庭界線則完全沒有團結性；家人進進出出，卻沒有任何人握有主導權。家中沒有明確的限制或規範，感覺根本不像一個家，比較像是一群人漫無目的地到處遊走，偶爾碰撞到對方，但卻無法定義家庭和外在世界的分野。這個狀態用「一片混亂」來形容最爲貼切。

你可以回想看看在成長過程中，自己家是什麼情況。再想想你現在的家庭和朋友的狀況。你有看到相似之處嗎？

在我們前往下一章之前，請記住這些家庭系統的原則，因爲它們將協助我們掙脫小大人的陷阱，並從中復原。

7 當陷阱佈成

指出自己屬於什麼症狀就夠了嗎？我們不這麼認爲，因爲單純擁有資訊是不夠的。案主不會只因爲知道自己有哪些症狀就改善好轉，內心的否定機制也不會因爲得到資訊就停止運作，更不會因爲知道某些資訊就能自動釋放情緒。我們還必須了解產生這些症狀的過程。這不是一夜之間發生的事，我們也不是一覺醒來才驚覺生活如此痛苦不堪。這是需要一段長時間演變的過程。

比爾的故事

在妻子艾妮塔、兩位會計師事務所合夥人、妹妹，以及一位朋友開始深入了解他的上癮狀況後，三十八歲的比爾・霍普金斯決定接受性上癮（注4）的治療。

在其他人開始介入的兩年之前，艾妮塔便對他日漸高漲的性慾感到憂心，也常常會提醒他不要太過頭。但比爾往往忽視她的意見，揮揮手說：「親愛的，如果我眞的有問題的話，我一定會想辦法搞定它的，拜託不要瞎操心了，想點別的吧！」但艾妮塔還是不放心。

幾個月後事態變得更加嚴重。比爾事務所的業務日漸拓展，工作壓力更大了，而他看色情刊物自慰的頻率也跟著增加。他雇用了新員工來分擔工作，但這對他的上癮現象沒有幫助。比爾和艾妮塔日漸疏遠，他們的互動不是冷漠敷衍，就是火爆衝突。婚姻的摩擦越來越多，直到某個週五終於爆發。

艾妮塔那天跟朋友一起吃晚餐，沮喪又無助的她越來越常跟朋友出去。當她晚上九點半回到家時，比爾告訴她他得了性病，所以有一段時間無法跟她做愛。艾妮塔馬上打包行李去朋友家住了一個周末，並在周一一早向法院訴請分居。隔天比爾打電話向她道歉，拜託她搬回家住，說他一定會洗心革面，不再行爲失控。

注4：針對性上癮議題，請參考精彩文獻：派翠克 卡恩斯（Patrick Carnes）的《走出陰影》（*Out of the Shadows*）。

艾妮塔搬回家後過了好幾個月，生活似乎回歸正軌。比爾很得意他們靠自己解決了問題，而艾妮塔也鬆了一大口氣，再也不用一天到晚盯著比爾的一舉一動。他們的溝通模式雖然還不太穩固，但至少在改善中。在接受治療的三個月前，比爾自認一切都在掌控之中，之前的性上癮症狀只是工作壓力造成的，他現在已經恢復正常了。

但不久之後，他的上癮情況卻又惡化到幾近毀滅的程度。艾妮塔連絡了性成癮伴侶匿名會（Co-Dependents of Sex-Addicts）以尋求幫助。他們介紹艾妮塔一位治療規畫師，對方請艾妮塔找其他關心此事、願意參與的人一同會面。在治療開始前一週，大家一起演練要如何說服比爾接受治療。當比爾面對太太和朋友的勸說，以及他們呈現的數據資料時，他勉爲其難地接受了治療的建議。這是他和艾妮塔兩人復原之路的**開端**。

要承認自己有像性上癮這樣的問題，我們往往會同時有如釋重負和失敗受挫的感覺。療程的目標之一是要教育我們的家庭，上癮的過程是如何發生的。每個人都在問：「這怎麼會發生在**我們家**？是**誰**造成的？到底要怪誰呢？」

整個過程的目標之一是要讓我們**正視**目前家庭功能不良的狀態，並且**看見**這狀態是如何從過去幾個世代延續下來。這麼做的用意是**不去責備**。一開始很難不去怪罪那些造成混亂的人，直到過了一段時間，當我們與父母和祖父母分離夠久之後，才能坦然地說：「在他們身上發生的事是不健康的，而我可以選擇另一種生活方式。」

比爾和艾妮塔在治療師和支持團體的協助下，開始探索自己的家庭背景，家庭記憶漸漸浮現。

比爾的雙親沒有**明顯的**上癮現象，他們不僅滴酒不沾，也完全沒有任何藥物上癮的狀況。而在一開始，比爾形容他的童年、與父母的關係都「滿正常的」，但在持續自我探索的過程中，塵封已久的記憶一點一滴地浮現。比爾的父親是一個努力工作養家的典型男子漢，在他們所居住的小鎮經營一間汽車修理廠。他花了很多時間教比爾如何修車，看起來非常積極地教育兒子。但他同時也是一位完美主義者，車庫總是一塵不染、井然有序；家裡面則是一片寂靜，每一件事都在父親的控制之下，沒有人敢有任何意見。他脾氣滿大的，對比爾格外嚴厲，每當比爾犯錯，在修車時把車庫弄髒弄亂，或沒有達到他的期望時，他就會嚴厲地責備比爾。

因此，比爾在成長的過程中發展出過度的自我批判，總是告訴自己若沒有把事情做到完美，就根本不值得做。

比爾則用「聖人」一詞來形容他的母親。她是一個害羞靦腆、勤奮工作的人，總是把家裡打掃得乾乾淨淨，將比爾和四個弟妹撫養長大。她也受到丈夫完美主義的影響，而在情感上對孩子們較爲疏離。比爾不記得爸媽曾在他們面前摟摟抱抱，他也不記得家中有任何人對肢體接觸感到自在。

儘管父親是個完美主義者並掌控整個家庭，比爾起初還是看不出來這和自己的問題有什麼關聯。直到追溯到祖父母那一代時，事情開始略顯端倪。雖然他的爺爺沒有被診斷爲酗酒者，但他其實有嚴重的酗酒問題，整個家族都對此守口如瓶。

霍普金斯爺爺過著兩種截然不同的生活。對外他表現得大方迷人、幽默風趣，大家都喜歡他。但在家裡，他卻是個暴君，當妻子向他要買菜錢，或是要買衣服給孩子們上學穿，他就對她大吼大叫。他不僅在外面喝酒，在家也喝不少。

霍普金斯奶奶則是個安靜又順從的女人，爲了保持家裡的和平，她非常聽先生的話。他們也不對對方表達情感。

比爾的外祖父母則是恰恰相反。他的外公史密斯是個內向寡言的男人，常常自我貶抑，也不曾爲自己的理想打拚，太太說什麼就做什麼。

史密斯外婆則是盛氣淩人，極具控制欲，對丈夫失敗的人生既憤怒又苦惱。她很容易生氣，而且非常完美主義。比爾的媽媽身爲長女，很同情外公的處境，但在外婆的嚴厲管教下只能乖乖服從，最後導致比爾的媽媽成年之後不知道如何表現溫情，也不知如何照顧他人。

在依存傾向沒有治癒的情況下，比爾的媽媽很自然地嫁給了一個具有很多她母親負面特質的男人。她的先生有堅定的意志力和明確目標，她相信這些優點可以彌補自己這方面的不足。但她最初認爲的優點，最後卻演變成全面的佔有。「他能爲自己的理想打拼」這項優點掩蓋了他在婚姻關係中的明顯問題：無法表現親密和相互扶持。

所以比爾漸漸地可以了解問題的所在，一切也變得較爲合理了。爲了避免讀者對比爾的家庭關係有所困惑，我們就重要的人格特質簡單地畫出比爾的家系圖。在圖7.1中你可以看到比爾在以上過程中拼湊出的樣貌。

夫妻之間的互相影響

這幅拼圖中還欠缺重要的一塊，就是妻子艾妮塔是如何和這個系統糾纏在一起的。案主的配偶往往太過關注伴侶的問題，以至於沒有發現自己在問題中扮演的角色。過度地關注另一半常常也是一種下意識的行爲，藉以逃避自身的依存問題。還記得先前提到的矛盾依賴嗎？

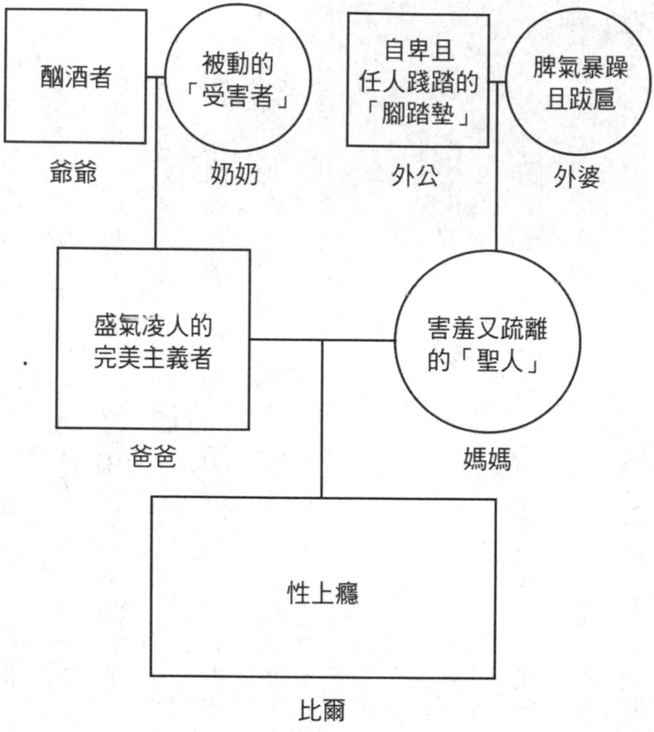

圖7.1　比爾的家庭

一開始艾妮塔說：「爲什麼？我怎麼會需要治療呢？只要比爾不再行爲失控，我們的問題就解決了。我既負責任，又一直是這段婚姻裡的支柱。沒有我事情早就一發不可收拾了！」

艾妮塔和比爾還算幸運，因爲比爾的療程有處理到家庭動力和共依存症狀，他們知道這絕非比爾單方面的問題。艾妮塔則不曾檢視過自己和她的家庭，而她發現這過程跟比爾的自我探索一樣痛苦且驚人。

艾妮塔本來就知道她母親壓力大時常常會喝酒，但她從來沒想過母親可能是酗酒者。她母親從未喝到不省人事，也沒有在她面前發過酒瘋，看起來一點問題也沒有。

而艾妮塔則視她父親爲「模範爸爸」。他努力工作且負責任，當太太身體不適時會下廚煮飯給家人吃，周末陪孩子們玩耍，參加孩子的話劇和音樂表演，隨和又和藹可親。但艾妮塔不知道的是，她父親的內心其實很累，常常有些沮喪，不是表面上他裝出來高興自在的樣子。

她也從來沒有想過，爲什麼家裡沒人知道任何有關祖父母和外祖父母的事情。大家好像只知道他們是歐洲人，而艾妮塔的父母都是在十幾歲時和兄弟姊妹一起來到美國。

排行老大的艾妮塔很認同爸爸，總是扮演「乖女兒」的角色。每當媽媽累了或是「不舒服」的時候，她就會幫爸爸一起打掃和煮飯。她也很樂意主動照顧弟妹，甚至犧牲青春期的美好時光，沒有跟同年齡的朋友出去約會、社交。即使媽媽暴躁不安又易怒的時候，她也不會擔心太多，因爲就像爸爸一樣，她「了解並體諒」媽媽身體不太舒服。

所以艾妮塔從很小的時候就成爲家裡的小媽媽，放棄了童年時光而去照料家務，在

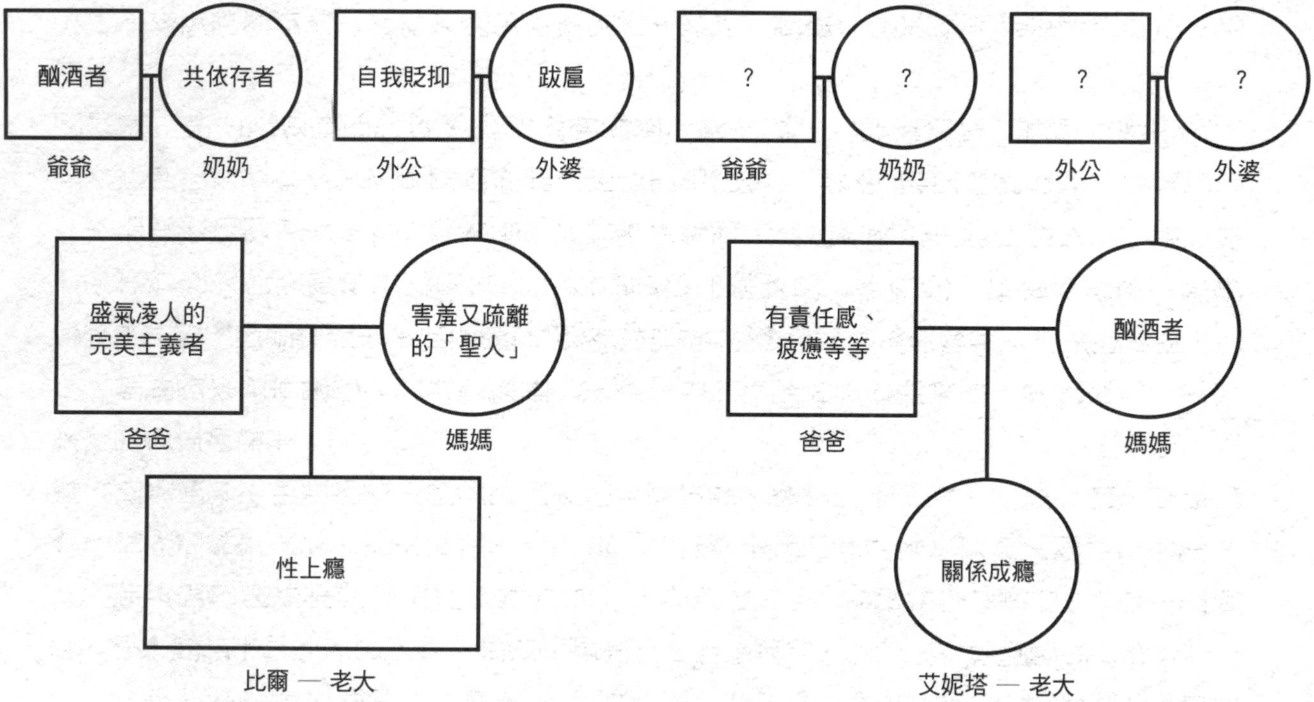
酗酒者
共依存者
自我貶抑
跋扈
?
?
?
?
爺爺
奶奶
外公
外婆
爺爺
奶奶
外公
外婆
盛氣淩人的
完美主義者
害羞又疏離
的「聖人」
有責任感、
疲憊等等
酗酒者
爸爸
媽媽
爸爸
媽媽
性上癮
關係成癮
比爾 — 老大
艾妮塔 — 老大

圖7.2　比爾和艾妮塔

學校有優異的表現，並常常陪伴在爸爸身邊，像是家裡的另一個「大人」。這變成了她的角色，也是困住她的牢籠。當她在這個陷阱中度過了無數的年頭，漸漸長大成人後，艾妮塔離開家並掉入屬於她自己的功能不良關係裡。

圖7.2是艾妮塔在歷經了幾個月痛苦又折磨人的自我探索後產生的家譜，我們將比爾與艾妮塔的家譜並列，讓讀者同時檢視整個系統。

經過多年的掙扎，比爾和艾妮塔這時才在漫長的旅程中一同發現，這一切會演變至此是多麼的合理。他們不敢相信以前竟然毫無察覺。這些一一拆解和拼湊回去的，是過去幾個世代傳下來的情緒否定模式：害怕親密的人際關係、害怕受傷、大大小小的上癮症狀，或是個人爲求生存、孩子爲融入功能不良的家庭和外在世界所產生的反應等等。這些模式和訊息、隱性的制約和不經意地出現的痛苦，逐漸串聯在一起。他們跨越了自我否認的階段，不再憤怒地責備，而能平靜地接受已經發生的事實。現在，他們終於可以好好地生活，不再因爲找不到痛苦的源頭而感到空虛絕望，而是自信沉著地接受過去，並選擇放下，讓自己自由。

8 當家庭偏離軌道

什麼事情在我們的成長過程中出了差錯呢？家庭中哪些功能不良的模式會讓我們容易染上上癮的生活型態呢？就像花朵需要陽光、水和土壤的養分成長開花，小孩也需要家庭提供養分，日後長大成人時才會有健康的**相互依靠**、**信任**的觀念。我們沒有聽說過有任何家庭能夠完美地滿足孩子一切需求，但卻聽說過許多家庭因爲沒有給予孩子足夠的關照，導致他們在進入成人階段後產生嚴重的依賴問題。

孩子需要安全感，需要有人撫養、給他們溫暖，在需要時指引他們。健康的家庭大部分的時候都可以滿足孩子的這些需求。這樣的孩子長大後內心會充滿安全感和信任感。但對成長於功能不良家庭的孩子來說，可能從來沒有人滿足過他們的需求。他們長大後覺得自己不完整，內心充滿不信任和恐懼，同時會向外尋求強烈的安全感。來自問題家庭的成人往往會尋找機會，彌補過去成長過程中沒有被滿足的情感空缺，而這個向

圖8.1　杯子

外尋找的過程常常會導致上癮的生活型態。與來自不同地區的許多案主會談後，我們發現以下的比喻非常有助於理解。

想像你自己是一個杯子（見圖8.1），在出生時空空如也，而成長的目標是將杯子漸漸填滿。換句話說，你的某些需求必須被滿足。在健康家庭中成長的孩子，他的杯子幾乎是滿的，所以當他長大與外界接觸時，他會跟其他杯子一樣滿的人結爲朋友，或是談戀愛。但若你來自功能不良的家庭，你的杯子是不會被填滿的。在極端的例子中，可能在你踏入成人階段時，它還不

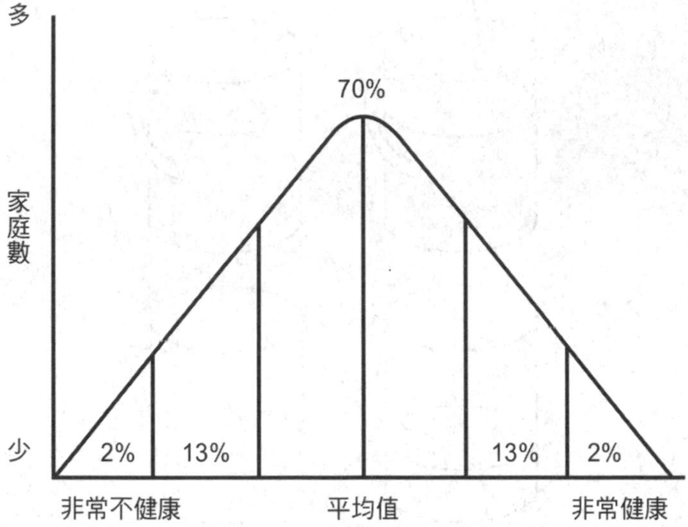

家庭的情緒健康程度

常態分佈曲線顯示，大約三分之二的人口落在家庭健康與功能不全的平均值區間中。

圖8.2　健康／不健康家庭數量

到八分之一滿。**所以當你出社會時，你會跟那些杯子也是八分之一滿的人成為朋友或是談戀愛。**而爲了維持杯子是滿溢的假象，你依賴外在媒介來滿足內心的空虛，像是對感情關係上癮，或是藥物依賴、變成工作狂或成天坐在電視前面。

我們認爲這些症狀是因爲成長的過程中，特定的需求沒有被滿足，所以杯子無法填滿。因爲家中發生了某些事，以至於我們以不健康的方式生活和長大，而這正是殘害我們的陷阱。

審視家庭系統在情感方面的健康狀態時，我們認爲家庭的情感狀態分布就像自然界的特性或一般心理學研究一樣，屬於常態分布。（見圖8.2）

我們之中大約三分之二的人會落入平均區間裡，健康狀況接近平均值，功能不良狀況也接近平均值。這代表我們多數人的杯子是半滿的，而非全滿。這也意味著多數人都有一些明確的問題需要改善，有一些明顯的上癮情形或其他症狀正在折磨著我們。

注意，只有極小比例的人落在極度健康的區間中，而這些非常健康的人也可能跟我們有一樣的問題。這些家庭不一樣的地方在於他們會用健康的方式處理問題。他們知道如何化解爭執；小孩長大了，離開父母成家立業，但依然是父母的心頭肉。遺傳基因仍然可能使他們容易產生藥物依賴、易胖體質或是憂鬱症傾向等等，但他們的處理方式與我們就不盡相同了。

另一個極端區間就是極不健康的家庭了，在這樣的家庭中，我們會看到許多心理疾病、持續性的亂倫、暴力，甚至虐童致死的情形。接下來我們會列舉一些我們及其他學者探討過的功能不良家庭特質。我們也推薦讀者參閱國際知名的心理治療師愛麗絲・米勒（Alice Miller）的著作，尤其是《對你自己好》（*For Your Own Good*），在書中她創造一個新詞叫「毒性教育」，用以形容某些家長爲了「引導」和「塑造」孩子，使用了情感或肢體的虐待方式。她以極具說服力且富學術深度的論述，解釋成人上癮症狀與家庭根源的關係，她也描述了一些比較隱蔽的虐待形式，其中很多可能是所有人都經歷過的。

不論是非常健康或非常不健康的家庭，都可能出現以下所列出的數個或全部的特質，視家庭運作功能的完整與否而定。有些家庭可能只符合少數幾項特質，有些則全部符合：

1. 肢體／情感的虐待和忽視，以及替代性虐待（替別人遭受虐待，或別人替你遭受虐待）
2. 完美主義
3. 僵化的規則，生活型態和信仰
4. 家醜不可外揚：對家中的情況保密
5. 無法辨別／表達自身感受
6. 三角化關係（兩人溝通時需要第三人傳話）

7. 進退兩難的處境
8. 無法享樂
9. 非常能忍受不當行為和痛楚
10. 糾結的網狀家庭

當你準備更深入了解這些情況時，請記住重點在於功能不良狀況的**整體嚴重程度**，而此「程度」並非純粹看一個家庭出現幾項徵兆，而是它們發生的次數有**多頻繁**。只要是人，生活中總會有一些習慣和僵化之處，但當這僵化的程度開始妨礙自己接納一切親密感，或是阻礙家人的人格完整或傷害他們的自尊，問題便浮現了。

先前提到的工程師法蘭克，生長於人人稱羨的家庭環境——有一個當醫生的爸爸，活躍於社交圈的媽媽；他受過良好教育，擁有運動員的體魄和帥氣的外貌，還有湖邊的度假小屋以及優渥的薪水——但他的婚姻和生活卻陷入一團混亂，因爲他從未學會如何去**感受**和**存在**。他是如此勝任於「把事情做好」，以至於未曾有時間去學習如何「無爲的」與別人相處，家裡也沒有人教他。

我們身處於一個太過忙碌的世界，所以很容易忽略這些簡單的道理，但也無法怪罪別人。類似的事情經常發生，而結果也往往令人難過。好消息是我們不必在原地停留，不必像大棕熊一樣受了傷被困住，我們有更大的腦容量，早晚可以思索出逃離陷阱的辦法，而不論何時開始思考，絕對不會太晚。

當你閱讀我們對這些陷阱的描述時若發生以下情形，是絕對正常而且沒有不妥的：

1. 自言自語地說：「我們家從來沒發生過這種事。」
2. 困惑
3. 對作者或是對你的家人生氣
4. 納悶
5. 充滿疑問
6. 懷疑
7. 難過
8. 哭泣
9. 想跟別人討論此事
10. 覺得無聊

肢體／情感的虐待和忽視，以及替代性虐待

在一九七五年，有一本心理精神病學教科書指出兒童性虐待事件的案例，一百萬個家庭中只會發生一個。這清楚顯示了某些受過高等教育的專家多麼害怕人的獸性本質，極力否定這個事實。

事實是，在美國，每六個人就有一人童年時受到性侵害。而最近一項調查發現，大約百分之三十的女性和百分之十五的男性在童年時曾受過性侵害，從撫摸到性交都有。若將非肢體接觸的性侵害也包含在內的話，女性受到性侵害的比例則高達約百分之五十。

性虐待情形最常在孩童九歲到十二歲之間發生，但也可能在嬰幼兒時期規律性地發生，使得接受治療的當事人非常難以回想當時的狀況，並處理心理問題。

洛伊德·狄莫斯（Lloyd de Mause，美國心理治療師、歷史學家）的研究指出，現今社會的孩童與早先的孩童相較，處境已經改善許多。我們基本上同意這個研究結果，但現在美國國內兒童受虐和被忽視的數據資料還是相當驚人。在美國，許多孩童被非常不避諱的手法虐待，像是毆打、漠視，以及性侵。但這都只是冰山一角，更爲隱蔽的虐待和忽視行爲直到最近才開始受到重視。而以心理治療爲業的我們，則一天到晚看到這些

現象。

此書很多內容都與「虐待」這個範疇有關，而在本節末，我們提供了一張在心理諮商中常見的虐待類型清單。以下的內容可以讓大家好好深思。

小孩要被嚴格管教才能成長茁壯，對嗎？或許是吧。但孩子是否會因爲你生氣、講話稍微大聲一點點就退縮害怕了？他們充滿恐懼嗎？他們是不是看起來鬱鬱寡歡、無法玩樂？他們會不會經常生氣，具侵略性？他們是否會無情地欺凌家中年紀小的成員？他們的情緒是否陰晴不定，既負面又「難搞」？如果你本人在童年時期就曾被過度嚴厲地懲罰或管教，你將會無法辨別適當的懲罰和虐待有什麼不同。雖然這不是你的錯，但你仍舊無法分辨。

將你的孩子扯進你的婚姻問題當中，並試圖利用孩子來滿足情緒需求是一種情感上的虐待，專家學者如珍娜．渥媞茲稱之爲隱蔽的亂倫。批評你那本性害羞的孩子，說他太過害羞則是情緒虐待。

因爲工作太累或喝醉酒而對小孩大吼大叫是一種情緒虐待。沒有花足夠時間陪伴孩子，或是過度保護孩子而不讓他有機會跌倒犯錯，讓他錯失在適當的年齡學習改進的機會，都是情緒的虐待。

很多人馬上會說：「喔，我很幸運，我爸媽在我小的時候**從來不曾**吵架，但比爾的爸爸總是喝得醉醺醺的，而且他們家一天到晚都在吵架。」那或許是眞的。但從別人的生活中找出一個最糟糕的例子，然後拿來跟自己的生活比較，只是讓你繼續否認自己家庭的問題罷了。其實，我們很少聽說有家庭會連**一丁點**問題都沒有。**你的**家庭有哪些問題呢？別管比爾他們家了，比爾該自己想辦法。面對你自己的問題吧。

如果你目睹了**其他人被虐待的情景**，那你也是虐待事件中的**受害者**。如果你看到你的妹妹或哥哥被爸媽毆打，這件事也對你產生情緒上的施暴。你可能會因爲父母對你「比較好」而產生罪惡感，或覺得自己有特別的權力，在日後很難與他人培養平等的情感關係。你可能會害怕若你沒有小心翼翼、乖乖聽話，就會成爲下一個施暴對象。這種情形稱爲替代性創傷，而它跟任何類型的虐待造成的傷害一樣大。以下是我們的虐待類型清單。

◎情感虐待

- 陷孩子於進退兩難的處境，不管選擇什麼都會得到負面結果
- 將過錯推到孩子身上

- 改變孩子對現實的認知（理智上的虐待），例如：「爸爸沒有喝醉，他只是累了」
- 過度保護／溺愛／為孩子找藉口／將孩子的問題歸咎於他人
- 貶抑孩子的自尊心
- 雙重訊息（說反話）：「寶貝，我當然愛你啊！」（媽媽卻全身緊繃、咬牙切齒地說出這句話）
- 完全不提起虐待事件

◎情感忽視

- 無法為小孩提供撫育、照顧，或是愛
- 無法為孩子設立生活架構或界線
- 無法耐心聆聽孩子說話／無法相信孩子所說
- 期望小孩可以提供家長情感上的慰藉，讓家長好過一點
- 因為心理問題、藥物依賴、憂鬱症或是強迫症，無法為孩子提供情感上的支持
- 無法鼓勵孩子受教育、增進智力發展

◎生理上的忽視

- 缺乏食物、衣物、住所
- 將孩子獨自留在不適合的場所
- 要年紀太小的孩子照顧他人、為他人負責
- 無法提供醫療照顧
- 允許或鼓勵孩子吸毒或酗酒
- 無法保護孩子不受他人的虐待，包括配偶的施暴

◎言語虐待

- 過度怪罪、責備和羞辱孩子
- 謾罵、譏諷孩子，把孩子拿來和別人比較
- 欺負、捉弄、嘲笑、貶低孩子
- 嘮叨、碎碎唸、尖聲說話、言語侮辱

◎肢體虐待

- 打巴掌、搖晃、抓傷、掐傷，或用木棍、藤條、皮帶、廚具、長尺、電線、鏟子或水管等毆打小孩
- 將小孩推擠到牆角，或是抓起來猛力甩到牆壁和物品上
- 用火燒傷小孩，用滾水燙傷小孩，或讓他受凍
- 逼小孩吃飯或喝水／讓小孩過度飢餓
- 逼小孩目睹別人受虐過程
- 迫使孩子過度勞累

◎性方面的虐待或忽視

- 愛撫、觸摸孩子
- 諷刺、開黃腔、發表不適當的評論、色瞇瞇地看著孩子
- 刻意在小孩面前裸體或手淫
- 幫小孩手淫／要小孩幫自己手淫

- 與孩子口交、肛交、性交
- 用手指或其他物品插入孩子的下體或肛門
- 脫光小孩的衣服／性方面的處罰／強迫灌腸
- 要小孩拍色情照片，或強迫孩子觀看色情刊物
- 強迫孩子與其他孩童性交
- 強迫孩子與動物發生性行為
- 強迫孩子觀看別人性交或是性虐待
- 強迫孩子玩「情色遊戲」
- 對小孩性虐待，例如燙傷等等
- 完全不教導孩子性知識，讓孩子對性一無所知
- 完全不討論青春期、月經、夢遺等等

◎替代性虐待

替代性虐待是一種特殊的虐待類型。替代性虐待的受害者可能是家中某位成員，但眞正受虐的則是另一名成員。替代性虐待的受害者，受傷害的程度跟以上所列舉方式的

受虐者相比，其實不相上下。

完美主義

完美主義很常見，也是在任何家庭中最容易被否認的缺陷之一，而且經常遭到誤解。完美主義是對自我或他人有著不切實際的期望。它不僅藉由批評或輕視這樣的明顯手法來表現，也有隱晦的方式，例如適時的皺眉、輕蔑的眼神、談話間刻意停頓，並露出滿臉狐疑的表情，或是幸災樂禍地笑，卻假裝什麼都不知道。

爸爸輕描淡寫地問，「你說你在剛剛派對裡感到很尷尬？」語氣中對你的膽小帶著藐視。他又問，「你到底在尷尬什麼？」陷阱來了！他很明顯地不認同你尷尬的**感受**，但又想知道原因。現在不管你怎麼回答都來不及了，他想表達的訊息非常清楚明白，「我們家的人才不會爲了小事尷尬呢！」你失敗了，因爲你未達到這個標準。

再舉比爾的例子。當他和父親一起修理汽車時，他學到了許多汽車引擎的知識。在比爾十三歲的時候，他已經可以拆解一個引擎再組裝回去。但儘管每個周末都和父親一起修車，他還是很緊張，也覺得自己不夠好，因爲他那完美主義的父親總是要求車庫必須保持「完美的狀態」。與其跟比爾的媽媽說：「今天我們家兒子的表現棒極了！」這種讚美的話，他更常說：「等他**有一天**學會怎麼把車庫整理乾淨，就可以當個眞正的技師了！」

我們認爲，不快樂的人藉由完美主義來催眠自己，讓自己相信自己能夠完全掌控生活。完美主義源自於不快樂，也是苛責、批評的溫床。而過度批評孩子是最容易讓他們感到自卑和羞愧的方式。想想看**你的**父母、老師或老闆過去曾經說了哪些完美主義的話，或是你曾經對孩子說過什麼。

「蘇西，妳爲什麼會打翻牛奶？妳什麼事都做不好是嗎？」

「你一定要戴**那條**領帶嗎？」

「我眞希望你可以多學學你**哥哥**，他總是……」

「三科九十分和一科八十分都還好，但一科七十分是怎麼回事？」

「你爲什麼想要念**藝術**？念那個賺得了錢嗎？」

「你做**那件事**幹嘛？」

「你都只考慮自己，不顧別人。」

「盤子**才不是**那樣放的，你會不會用洗碗機啊！」

「瞧瞧你自己，眞是一團亂！」

「難道你連一句有意義的話都說不出來嗎？」

這清單可以繼續寫一大串，但希望你已經了解我們的意思。經常性的批評和完美主義會影響家庭中的每一個人，包含批評別人的那一位；它不但使人感到羞愧，而且最後只會讓大家疏遠愛批評的人。完美主義使我們不快樂，不管我們說什麼或做什麼，都好像被烏雲籠罩一般鬱悶。

在愛批判的家庭成長的孩子，往往會將這些批評的訊息**內化**到自己身上，所以當他們進入成人階段時會無意識地自我批評。他們的內心總有一個聲音在說：「這樣不夠好。你做錯了。你這樣**很有問題**喔。」沒錯，你有問題。只因爲打翻了牛奶所以**我**就有問題？因爲打翻牛奶，所以**我的存在**是錯誤的，**我這個人**有問題？這樣有道理嗎？不需要任何道理，這就是實際上發生的事。在這樣的家庭規範中沒有任何犯錯的空間。

僵化的規則、生活型態和信仰

只有一種正確的生活方式。只有一個正確的做事方法。我必須一直控制局面不然人生就會崩塌。有一籮筐的強迫性行爲和思考方式都與這個標題有關係。擁有明確的信仰和價值觀是一回事，但變成這些信仰的奴隸，還迫使別人接受它又是另一回事了。

家庭的規範是重要的，但強迫性的家庭規範卻是具毀滅性的。美國政府是全世界最好的政府嗎？只有美國人民享有個人尊嚴嗎？只有你的教會或宗教可以滿足人對靈性的需求嗎？只有你的政治理念是對的嗎？所有的小孩都必須在高中畢業後直接念大學，未來才會成功？男生不可以哭泣？女生要當媽媽人生才完整？

因爲說好了今天要一路開車到佛羅里達，所以即使我們已經疲憊不堪了，還是要達成目標。雖然媽媽身體不舒服需要休息，但因爲房子必須保持整潔，所以我們還是要打掃乾淨。

強迫性、僵化的規範奪走了生活原有的自發性。生活中的樂趣、突然降臨的驚喜、這些無法預測的魔力都被視爲危險和可怕的事。按表操課的規律生活取代了隨心所欲的樂趣。整齊乾淨卻空虛寂寞的生活型態稱不上幸福。在僵化家庭中成長的我們，日後普遍對人際關係感到困惑，因爲正常友誼中的起起伏伏，充滿變化又無法預測的社交網絡讓我們無所適從。成年之後，我們尋找的人際關係和社交圈一樣是僵化且受控制的，其中的規則像白紙黑字寫下來的一樣明確。但不幸的，人生不會總是順你的意。當生活突然無預警地小小轉了個彎，我們就覺得非常害怕，並覺得受到欺騙和操控。對於這些不可控制的事，我們不知道如何在情緒上幫助自己處理。想要有圓滿且幸福的生活，必要條件之一就是要能夠放下那些不可控制的事物，而僵化、備受控制的家庭完全沒有教我們做好隨時鬆手的準備。

家醜不可外揚：對家中的情況保密

「家醜不外揚」這句話的涵義是提醒我們提到家裡發生的事時，要小心謹慎，機靈地說話，畢竟家家有本難念的經。不過在功能不良家庭中，這句話簡直被奉為圭臬。當然，要你在當地報紙上刊登全版廣告，宣傳你叔叔愛喝酒是沒什麼道理，但走向過度保密這個極端是否也不對呢？

在功能不良的家庭中，這項規則意味著「快淹死了也不要求救」，它表示孩子必須每天帶著笑容去上學，內心卻憂慮不安，因為前一晚爸媽為了錢、酗酒，或雙方家庭的問題激烈爭吵，讓小孩整夜睡不安穩。它表示這些孩子不敢向朋友或學校輔導老師坦承內心的痛苦；一旦說出口，可能就會因為家醜外揚而被家人毒打，或是遭到羞辱。最重要的是，我們因此深信**所有的問題都必須獨自處理**。

「你不准跟史密斯老師說我們家的問題。」

「我不想討論這件事情。」

「我們家是不討論這種事的。」

我們都有過這種感受：家裡出了一些問題，而我們希望可以跟別人分享，得到新的想法。但心中總是有個聲音在說：「如果你讓別人知道眞相，他們會覺得你瘋了！」或是「他們才不會相信你，他們才不會了解呢……」這項規則特別危險且具毀滅性，因爲它使得家庭系統完全對外封閉。

還記得珊蒂的母親嗎？她試圖跟一位朋友求助，那位朋友的丈夫在匿名戒酒會接受治療，但珊蒂的父親卻恐嚇威脅珊蒂的母親，以至於她不敢再跟這位朋友聯絡。這個規則最極端的情況就是暴虐專制的控制，而較輕微的情況則會使孩子相信自己的想法是不好的，除非它符合家裡那些什麼可以講、什麼不能講的規則。

月經是什麼？「來了就來了，不要談它。」憤怒？「我們家的人才不會對彼此生氣。」所以我們總是覺得自己內在有個部分是**不好的**。我們告訴自己：「只要絕口不提，它就會消失。」但它從來不曾離去。

先前的例子提到蒂娜和法蘭克以前不曾向對方坦露心聲，直到有一天蒂娜再也忍不住了。她情緒爆發的那一刻，連她都以爲自己發瘋了。著名的心理治療師卡爾·羅傑斯（Carl Rogers）說過，在一段關係中，任何一再重複產生的感受都應該表達出來，即使事情看起來微不足道。如果一直憋著不說，積怨日積月累，達到極限而爆發時，最後受害的只會是自己。因爲「絕口不提的規則」，我們內心的情緒沒有宣洩的出口。

生長在功能不良家庭的人可能會反駁，他們會說自己當然會跟別人分享問題，而那個人就是家中另一位成員。若家庭系統本身已經有障礙了，**只跟系統內的其他人分享問題只會使情況更加嚴重**。這就像是賭子爲賭子帶路，或是兩個無助的人相濡以沫，最終都是無濟於事的。在問題系統中不會出現具建設性的改變，必須有人將舊系統打破才行；這些破壞通常是當家中酗酒的成員酒駕肇事撞死人，或是孩子賣毒品被抓包，或是老公偷腥被逮到，「家醜不可外揚」這堵堅實的厚牆才能打破，而新鮮空氣最終才能透進家裡。

無法辨別／表達自身感受

這是愛批評控制的家庭和「絕口不提的規則」所產生的副產品。

父母說：「乖孩子是不會討厭兄弟姊妹的。」所以當我們對自己的兄弟姊妹生氣時，會不知如何是好，因爲家中的規矩，我們被迫將心中的怒氣埋起來。最終很多情緒垃圾也都隨著怒氣一同掩蓋，像是難過、受傷、恐懼和羞愧。長大成人後，我們隨時帶著一副面具，言行舉止和情感的反應都以**我們認為**合宜的方式表現，我們以爲這樣做會帶來幸福的未來。實際上，我們只是學到了如何自我否認，否認自己是個怎麼樣的人，否認自己的感受，和我們周遭的現實狀況。這或許是我們所犯下錯誤之中最嚴重的一個。

我們無法從經驗汲取教訓，因爲要承認眞實的感受太過痛苦。

「喔對啊，我只是不小心踩到捕熊的陷阱。其實不是所有的捕熊器都那麼糟啦，你看看，如果沒有它的話，我們會在哪裡呢？大家就不會有安全的公園可以去，也不會用熊皮做成的地毯當裝飾品了。」再看看自己血肉模糊的腳掌和撕裂的腳踝，「喔，其實沒有那麼痛啦，這種事情常常發生。」

如果這聽起來太過不切實際，試想當感情關係令人不盡滿意時，我們是怎麼說的。

「她已經連續五次約會放我鴿子了。不過我可以體諒她常常加班很辛苦，而且她也需要時間跟女生朋友聚一聚……」在這種情況下，承認自己眞實的感受代表我們必須面對殘酷的現實，那就是陷阱撕裂了我們的腳踝，使我們痛不欲生，或者「她」對我不好，也不尊重我。

要承認自己在家中備感孤獨，也就必須承認家裡有事情不對勁。因爲封閉家庭有

「家醜不可外揚」的規則，所以我無法得知是自己不對勁還是這個家不對勁。即使我夠聰明，知道問題出在家庭系統，但畢竟我是家中的一份子，因此還是會覺得自己一定也有點問題。所以，承認「我錯了」、「我很糟糕」、「我很骯髒」或是「我瘋了」好像比較容易。想到這裡，我們就直接跳到「我不想再有這種感覺了。我只要假裝不痛，或許一切就會沒事了」。

我們否認自己的**感受**，但它才是我們的**現實狀況**。然後我們否認身旁的客觀事實（爸爸沒有很常發脾氣啦，真的還好）。我們戴上光鮮亮麗的面具，外表看起來容光煥發，但內在卻壓抑得不得了。人類跟熊完全不一樣，我們可聰明多了。

三角化關係

三角化關係是一種家庭的溝通模式。有三角化關係的家庭會利用其中一名家庭成員來傳遞訊息或是做中間人，而不是直接與真正要對話的人溝通。

舉例來說，爸爸和媽媽大吵了一架，爸爸想說派十歲的兒子巴比去跟老婆說話應該有緩和局勢的效果，於是他說：「巴比，你可以幫我去問媽媽是不是還在生氣？告訴她我剛剛說的話不是故意的，然後問她要不要跟我們一起吃晚餐。」巴比是個聽話的小士兵，遵照指令執行任務。但媽媽說：「巴比，跟你爸說就算全世界只剩他一個人，我也不會跟他去吃飯。還有快上樓整理你的房間，我一個小時前就交代你了。」

巴比只是想當個乖孩子，他想幫忙，讓爸爸媽媽和好如初，但是最後卻變成媽媽的出氣筒，而且他還以爲父母的婚姻問題有一部分是他造成的。他沒有完成任務，他讓爸爸失望了，他把事情搞砸了！至少巴比自己是這麼認爲的。巴比的感受如何才是事情的重點。當三角化關係變成家庭系統中的規律型態，溝通模式將變得模糊，成員們被別人的問題糾纏，而孩子們會成爲家長權力角力中的棋子。你在別人的棋局中當卒子久了，就會以爲自己只是個小卒。你變成別人的情緒、罪惡感、自卑感的投射對象。

若小孩成長於經常出現三角化關係的家庭，不論這樣的關係是出現在小孩和大人之間，或大人和大人之間，他們都會以爲這是「正常」現象，所以長大後會重複相同的模式。而正因爲感覺很「正常」，所以他們會吸引其他習慣用相同模式溝通的成人。

事實上，當他們遇到不用這種方式溝通的成人時，還會覺得這個人有點問題。所以他們會迴避那些用健康方式溝通的人，同時也重建了自己功能不良的成長環境。所有功能不良的家庭模式都會這樣自我複製。

進退兩難的處境

爸爸剛下班回到家，兒子湯米興奮地衝上前，抱住爸爸問：「爸爸，你愛我嗎？」「當然愛啊。」爸爸回應，同時埋首於晚餐和手中的報紙。飯後他窩在沙發上連看三個小時的電視，然後就上床睡覺去了。

貝蒂在睡前跑去媽媽的臥房，抱著媽媽說：「媽媽我愛妳！」但媽媽卻覺得全身僵硬，因為在她童年時從來沒有被家人擁抱過。「喔寶貝，我也愛妳。」因為媽媽的雙重反應太不明顯，所以貝蒂並未察覺有異，但她的潛意識裡是有感覺到的。

「我愛你／你走開」、「我需要你／我不需要你」、「我們以你為傲／我們以你為恥」、「我們當然愛你／為什麼你不能學學你弟」，像這樣的雙重訊息往往非常隱晦；而當訊息越不明確，就越難發現它們的存在。

我們曾有一個家庭諮商的案例，父母兩人總是說自己的家庭教育多麼民主開明，對每個孩子一視同仁。但由於他們的家庭系統是處於極度封閉的狀態，他們最大的盲點就是他們其實是說一套做一套。大兒子是家裡的「明星」，妹妹是安靜害羞的乖小孩，在校成績優異，但很難與家人或任何外人交流相處；而小弟是個「麻煩人物」，不管在學校或是家裡都在製造問題。在進行家庭諮商時，老大坐在父親旁邊，看起來像是掌握了家中大權的樣子。父母兩人不停地讚賞大兒子有多優秀，說的時候神采飛揚。妹妹坐在稍微靠旁邊的地方，爸媽談論她的時候就沒那麼起勁，說她是「比較安靜的孩子」。小弟則在辦公室裡活蹦亂跳地動來動去，家裡每個人談到他都帶著幽默和有點受不了他的口吻，「他眞是我們的開心果，但也很會製造麻煩就是了。」他們七嘴八舌、嘻嘻哈哈地說。「我們眞為自己的教育方式感到驕傲，」爸爸最後補充道。「我們對每個孩子都一視同仁。」

但這個家的眞實狀況是，大兒子的地位跟爸爸一樣重要，掌握了權力和榮耀。妹妹的地位則跟媽媽一樣，兩人都安靜害羞，沒有權力決定事情。小弟則是被當作玩具耍，最後透過叛逆的行徑揭開了家庭功能不良的事實，還有家中的緊張局勢──因為爸爸長期不公平地操控權力，這個情形被壓抑已久。這裡所見的雙重訊息當然就是「我們對你們一視同仁／我們對你們每個人都不一樣。」

沒錯，任何家庭中的兩個孩子不可能完全一模一樣，而每個小孩會發展出自己的人格特質，這是家庭應該提供的功能。但若某個孩子得到所有的權力和關注，或伴侶中的其中一位掌有所有的主控權，這樣的情形就是功能不良。在這個家庭中，人人平等的美德只是獨裁主義的丈夫和父親所編織的白日夢，而母親則在一旁配合演出罷了。

無法享樂

無法享樂是來自功能不良家庭的小大人擁有的顯著特質之一。舉例來說，酗酒者會被外界認爲是「愛玩又不負責任的人」，事實上他們可能成長於有控制欲或上癮症的家庭環境，而那個世界是很難以忍受的。他們總是處於情緒崩潰的邊緣，常常試著以工作和薪水來證明自己的價値，而非單純地接受眞實的自己。

之前提到的法蘭克也有相同的問題。他是「努力工作用力玩」的人，但他所參與的玩樂都是屬於具競爭意味的活動。能夠盡情享樂表示我們要能夠適時「放手」，而要能「放手」表示我們必須相信別人，相信就算在玩樂的過程中偶爾會出洋相，讓自己看起來很蠢也沒關係。想要好好玩樂，但又要維持完美的形象是滿困難的一件事情。

發自內心的大笑或是表現幽默感對小大人來說也相當困難，從小就扮演家中「小家長」的艾妮塔就是如此。或像是珊蒂，儘管家裡成天上演家暴，情況一片混亂，她還是盡力在學校表現出非常「體面」的樣子。在健康的家庭環境裡我們可以完全地放開去玩而且享有安全感，知道若發生了什麼無法掌控的局面，家人會給予我們強韌且溫柔的幫助，拉我們回到正軌。而在不健康的家庭中，玩耍起初都是以正常的方式進行，但最後總會有人受到情感或肢體的傷害。沒有人知道何時應該停止，什麼程度應該鬆手。幽默感被用來奚落他人的次數跟單純的開玩笑一樣多。「放任而為」最後變成一團混亂。界線和限制是不存在的。「我們來『玩』橄欖球」變成「我們來證明誰最強」，「我們來『玩』摔角」變成「我們來揍人吧」，「我可以接受調情」變成「我想要外遇」。

跟先前討論過的其他問題一樣，無法自發性的享樂，是功能不良家庭的一個極端特質，要嘛就是每個人都很嚴肅又憂鬱，要嘛就是一片失序混亂。聽起來或許很陳腐，但要成長於不健康家庭的小大人找到生活的中庸之道，或許是人生中最艱難的一項任務。

非常能忍受不當行為和痛楚

我們是如何在孩童時代就成為聖人或犧牲自我的殉道者，而在進入成人世界後還試圖繼續扮演聖人和殉道者的角色？它來自我們還小的時候，為了保護自己不因違反家庭規範而受到情緒或肢體的虐待，我們學會如何否認眞實的感受。它來自我們看到爸爸或媽媽，或父母兩人一起不斷地糟蹋自己。它來自宗教信仰或是家教囑咐凡事要優先替別人著想。它來自目睹父母過著自我毀滅的生活，像是過度工作、過度飲酒、過度照顧外人、暴飲暴食、大吼大叫、滿口謊言。

因為經年累月地把別人放在優先地位，加上長期自我否定和否認眞實的情緒，我們漸漸地將自己有極大的容忍度這件事當做驕傲，直到有一天壓倒駱駝的最後一根稻草出現，我們才終於痛到大叫。

「你媽媽總是這麼嚴厲地批評你，你不會覺得很煩嗎？」一個態度健康的朋友問你。「喔，不會啊，」你猶豫地說：「她的人生很艱辛，我可以體諒她為什麼這麼做。」你能了解她為何這麼做是好事，但每天受到如此的虐待折磨是健康的情形嗎？若一個人長年受到這樣的對待會變成怎麼樣？答案很簡單，會貶低自己和虐待自己。

在許多家庭裡，我們不只學到如何忍受不當的行為，還學到如何忍受強烈的生理痛苦。我們有一個朋友在小的時候常常耳朵發炎，但因為他們家庭狀況太混亂，所以一直沒有帶他去看醫生接受治療。加上他的父親是特別有「男子氣概」的人，每次都跟兒子說：「喔，比利，沒那麼嚴重吧，撐一下就過去了。」雖然媽媽比較有同情心，但她也常常處於壓力之下，沒有心力妥善地照顧兒子。她總是和老公爭吵有關「親密關係」的問題。所以比利學會忍受痛楚，漸漸地還以自己驚人的耐力為傲，而當他長大後身邊很多朋友也對於他極強的容忍度印象深刻。但直到比利在三十六歲就因為癌症過世時，大家才驚覺這不是健康的現象。

事實上，比利是在疼痛了十八個月後，才終於決定去看醫生，但為時已晚，三個月後便過世。

當一個成年人習慣忍受旁人許多不當的言行舉止時，會發現自身的感情關係正在上演童年戲碼。我們會落入受虐待或是任人擺佈的關係中，伴侶不停地說謊，或是暴力相向，或是無情地批評我們，但我們卻不會離開，依然緊緊地守在他身旁。我們會爲他們的行爲辯解，爲自己的寬宏大量和耐心引以爲傲。甚至開始相信自己高人一等，因爲只有我們會接受有暴力傾向的人進入我們的生命裡。

我們深信人生本來就充滿痛苦，而且終將一死，所以我們不停地祈禱，卻不做任何事情來脫離這段毀滅性的關係。或者我們試著改變別人，總是希望或許今天他會有所改變。但改變很少是自動發生的。

一個心態健康的人面對被虐待或被控制的關係時會如何應對呢？我們家九歲的兒子說得好：有一次我們帶著孩子們一起觀賞了《紫色姊妹花》（*The Color Purple*）這部電影，後來晚餐時討論電影情節，兒子若有所思地問說：「爲什麼她不直接離開就好了呢？」當然，心態健康的人就會這麼做，他們早就選擇離開了。

糾結的網狀家庭

網狀家庭是一個家庭系統理論的概念，也是令人難以定義家庭界線的一個問題。近年來這個名詞受到廣泛使用。

簡單來說，網狀家庭像是一團糾結不清的線團，當家人互相糾結時，他們幾乎無法認清自己的身分或別人的身分。我的問題變成你的問題，而你的問題也是我的問題；我把我的不幸怪罪於你，而你也把你的不幸怪罪於我。除非你知道了或有所表態，不然我不敢輕舉妄動，反之亦然。

在網狀家庭中，每個人都要「管」所有人的事，連上個廁所也要相互通報一番。三角化關係也在網狀家庭中大肆蔓延，每個人就好像是無頭蒼蠅一樣到處亂跑，到處更新消息，並試著解決其他人的問題，告訴別人怎樣生活才是對的。

沒有人知道自己的身分是什麼，家人之間毫無獨立性可言，也沒有劃分清楚的界線。網狀家庭會發生許多情感的亂倫，而沒有人能夠對自己的人生負責，也沒有人可以享有平靜的生活，並被允許有尊嚴地從錯誤中學習改進。因爲家人之間是如此的糾結纏繞，當一個成員陷入憂鬱，最終每個成員都會跟著沮喪，或大家一起陷入躁鬱狀態。當一個成員情緒高漲時，大家也都跟著興奮，或喜怒無常，或一起鬱卒。

這就好像我們全部的人搭上同一艘救生艇，在茫茫大海中全靠海浪的動力流動。一下前，一下後；一下左，一下右。一個快樂的大家庭，陷入糾結的情緒問題中。

注意：

如先前所言，有許多家庭特質的描述都可能使你成為不快樂的成年人。我們希望藉由上述的歸類讓你有一個基本的認識。最重要的是要提醒自己，你的身體和感受，與你自己的家庭歷史才是最重要的。

與他人分享自身經驗固然非常重要，但必須極力避免比較的心態。或許跟朋友一比，你的童年真的非常悲慘，但就在不遠的轉角處可能有另一個人的過去比你還艱辛。這一切矛盾的地方就在於，我們需要跟別人分享自己的生活，但又必須清楚地定義自身的獨立性，而不跟別人混為一談。在家庭歷史和情緒發展的世界中，沒有人是生而平等的；人生本來就不是公平的。好好盤點你的內在庫存，也讓你的朋友盤點他們自己的。

間奏 9 野雁家庭

很久很久以前有一個野雁家庭，住在偏遠小鎮旁邊的幽靜小池塘裡。野雁先生和野雁太太以及三個雁寶寶常常在池塘一帶活動，享受與鄰居海狸先生和潛鳥夫婦閒聊的時光。

每個陽光普照的下午，當風勢漸漸變小後，大家就會聚集在海狸先生家聊聊各自的家庭還有過冬的計畫。他們也經常談論天氣。

「野雁太太，妳覺得今天的天氣夠暖和嗎？」潛鳥先生問。

「喔天啊，眞是太熱了！」野雁太太回答，語氣還提高了八度。

「喔，我不知道耶，」海狸先生悠哉地說，「我還滿喜歡這樣的天氣的。」

野雁先生在一旁靜靜地享受眼前池塘的美景，心想這樣的生活眞是太美好了，他的孩子們成長的速度比想像中還快，而幾個月之後全家就要飛到南方過冬了。他還想到，等漫長的寒冬過後，他們又可以回到這個美麗的池塘來。他眞是喜歡這個地方。

當大人們閒聊家常時，三隻小野雁正在池塘裡划水，雙腳不停地划行，嘗試人生的第一次起飛。可惜今天沒有任何一隻小野雁成功，但有一天他們一定可以飛起來的。停下來休息的時候，年紀最輕的雁小弟跟哥哥姊姊說：「我最近這幾天都覺得不太舒服，胃一直怪怪的，有種噁心的感覺，還有頭也有點痛耶。」

雁姊姊說：「嗯，你可能只是對冬天要飛去南方的旅行感到緊張不安吧，畢竟會離家很遠很遠。」

「對啊，」雁哥哥補充道，「而且你這幾天也一直很努力地學習飛行，不然你去爸媽那裡休息一下吧。」

雁小弟皺著眉頭說：「我不知道耶，好像有什麼地方不對勁，我一時也說不上來，但感覺就是怪怪的。」

「喔，你這隻呆小雁！」他的哥哥姊姊異口同聲地說。

雁小弟於是沿著池塘邊緣慢慢地游向父母正在聊天的地方。在快抵達目的地之前，他轉進左邊一個洞穴裡，洞穴的入口被香蒲和荷花遮住了。一進入洞穴，他頓時聞到一股奇怪的臭味，並看見水面上浮著兩條翻白肚的死魚。他心想，這個池塘是不是有問題，也懷疑這會不會跟他的身體不適有關。

雁小弟快速地離開洞穴，回到爸爸媽媽、海狸先生和潛鳥夫婦身邊。

「爸！媽！」他開始說，「我覺得這個池塘好像有問題耶，這裡面好像有什麼東西害我噁心反胃。」他凝視著父母的雙眼，熱切地期待從他們的眼神中看到驕傲和讚許的光芒，表示對他的發現有興趣。

但是，雁太太卻厲聲道：「喔！你這個傻孩子！誰讓你有這樣的想法的？天啊，有時候你真愛說些傻話。」

雖然雁小弟有點失望，但他還是抱著一絲希望轉向他的父親。「是啊，兒子，有時候你的想法還真奇怪。」

「喔，你這隻呆小雁！」海狸先生和潛鳥夫婦異口同聲地笑著說。

這下好了，這已經是雁小弟能忍受的極限了。雖然內心很受傷，但他想要表現得像一隻成熟的公雁，所以他抬起頭，緩緩地轉向一邊說：「好吧，大概是吧。」然後划向別處去了。

當天晚上，爸爸媽媽和哥哥姊姊都在取笑雁小弟的驚人發現，不停地開他玩笑。

「奇怪了，從我有記憶以來，我們每年春天都會到這個池子來啊，」雁爸爸大聲地說。「而且從來沒有人在這裡生過病呢！」雁媽媽補充道。

「好啦，好啦！」雁小弟大叫：「眞是夠了！」

過了幾天，大家都忘了這件事，一切也大致恢復原狀。

大約過了兩個星期，雁小弟又開始覺得身體不舒服了，但因爲上次的經驗讓他記取教訓，這次他完全不想跟池塘裡的任何人說他不舒服。

起初他不知道該怎麼辦，於是又回到那個洞穴中。這次他看到更多死魚，還聞到更濃的臭味，然後一看周遭水域，發現其他幾處也有相同的現象。到處都有死魚和一陣陣怪異的臭味，讓他既噁心又頭痛不止。

如今他會飛行了，儘管有些身體不適，但他還是決定違反父母立下的規定，飛離池塘到比較遠的地方去一探究竟。在飛到一個高度後，他看到不遠處有一個很大的湖，湖畔有許多野雁、鴨子和潛鳥聚集在一起，於是他飛向那邊。

過了幾分鐘，雁小弟優雅地降落在離一群野雁不遠的地方，一大群野雁正在游泳或是享受午後的陽光。一開始他有點遲疑不定，因爲他的父母告誡他們不許離開原本的池塘，而且這些野雁都是陌生人。但他們都很友善，還邀請他加入聊天。

開始聊天後，雁小弟馬上告訴其他人他最近的遭遇。當他在分享故事時，有一位年長的雁伯伯變得很嚴肅，雁小弟發現他眉頭深鎖。

「孩子，你到底住在什麼地方？」雁伯伯大叫道。

「往那群野雁飛的方向，離這裡飛不到幾分鐘的地方。」他回答，「就在廢棄的農場後面那個池塘。」這下雁伯伯呱呱叫的更大聲了。

「你必須馬上飛回家警告你的家人！還有所有住在那邊的人！相信我，我們之前就是住在那邊，」他的面容變得憔悴，「我在那個池塘失去了兩個孩子。」

雁小弟立刻順風而行地飛回家，爸爸媽媽正在池子裡游泳。

「爸！媽！」他大叫，「我知道我不應該離開家，但我真的太想吐了只好飛離開這裡……反正我跟附近一個湖邊的野雁們聊天，其中一位雁伯伯說這個池塘被汙染了，他還因此失去了兩個小孩。我們必須趕快離開這裡！」他興奮地說。

雁先生嚴厲地看著他的兒子說：「我跟你們說過，在準備好飛去南方過冬之前，誰都不准離開這個池塘！你竟然破壞了這一項最重要的規定，我們真是失望透了。現在回去你的巢裡，在我們叫你之前都不准出來！」

雁小弟既傷心又害怕，不知該如何是好。他非常愛他的家人，也想要當一個乖小孩，但他並不想讓家人死掉。他慢慢地走回自己的巢，在踏入門口前，突然轉頭望向天空，想到雁伯伯說的話，於是振翅飛向大湖區。

雁小弟決定，與其死掉，不如好好地活著，但他也難過地哭了四天。大湖區的雁群們常常會過去探望他、安慰他，告訴他這是正確的決定，但他的心中還是充滿痛苦。有好幾次他差點要飛回老家，心想跟家人一起死總是比跟陌生人一起生活好吧。但每一次，內心深處那個聲音都會叫他別輕舉妄動。

然後，不可思議的事發生了。大約在他離家三個星期後，他看見一隻不知是大雁還是小雁的身影，孤伶伶地向湖邊走來。他聚精會神地看著那隻雁，當他發現那就是他的雁哥哥時，心臟幾乎要跳了出來。原來哥哥也開始生病了，在跟雁爸爸大吵一架後，他決定加入雁小弟的行列。三天之後，姊姊也加入他們；一個星期後，連雁媽媽也來了。之後又過了一個星期，雁爸爸受不了噁心反胃和頭痛欲裂的感覺，也加入了飛到湖邊的一家人。

當新家落定後，雁爸爸和雁媽媽鼓起勇氣集合所有雁群，召開一個會議。

現場一陣靜默，雁爸爸伸出翅膀擁抱著雁小弟，向大家說：「這是我家小兒子，雁小弟。一直以來我以為他是個壞孩子，自私的孩子，甚至是個傻子，但他不是。我們才是真的傻瓜，而雁小弟救了我們的命，我們深深以他為榮。」

雁媽媽默默地留下一行淚，這行淚充滿了驕傲、感恩和欣慰。而雁小弟的心中也充滿了溫暖，湖邊所有的雁群、鴨群和潛鳥們都爲他的勇氣、智慧和力量大聲喝采。

那年冬天他們一起飛去南方過冬，並在春天時回到大湖區。他們很高興能成爲這個社群的一份子，知道這個地方有乾淨的水源，身邊有眞誠的朋友，而且最重要的是，小野雁們可以健康地成長茁壯。

Part. 3

我到底怎麼了？

「有人說我們在人生的每個時期有著不一樣的人格，轉變的動力並非出於個人的意志力（如果是的話還真偉大），而是順其自然地約十年改變一次……但我認為人的本質是不會變的，只是隨著時間的流逝從一個房間移動到另一個房間，但還是活在同一個屋子中。如果打開以前的那些房門窺視，我們可以看見過去的自己正在房間裡忙碌地準備成為現在的我，和你。」

——詹姆斯．馬修．貝瑞（J. M. Barrie）《彼得潘》（*Peter Pan*）

10 否認

「我不需要任何幫忙，我自己可以解決問題。」

「婚姻出狀況？我們的婚姻才沒有問題呢。喬治只是最近太累、壓力太大了。」

「我才不是……」

「我們家**從來就沒有**任何酗酒問題好嗎？奶奶只是有時候愛喝白蘭地，但那不代表……」

「我當然知道，所有人都知道，你怎麼會笨到以爲我不知道呢。我才沒有強辯，是你在強辯吧，我沒有爲自己辯解任何事情！」

否認是一種保護自己不被痛苦的現實侵蝕內心的方法。它是一把雙面刃，端看我們如何利用它。當遭遇意外變故時，暫時否認現實是合理適當的；舉例來說，親友突然過世、被炒魷魚、房子失火只剩下斷垣殘壁、或得了不治之症……當這些悲劇發生時，否認就像是一道緩緩升起的保護罩，等我們的自我漸漸能夠面對現實了，它就會慢慢地降下來。當心靈的傷口開始癒合，我們就越來越能面對現實，有一天我們會準備好繼續過日子。

但在功能不良的系統中，我們面對一波又一波的災難，「否認」成爲一種生活方式，而不是極端狀況中才拿來使用的護身符。身處這種環境所受的苦就像被慢慢地折磨，不是一槍斃命那樣的乾脆死法。日復一日，年復一年，經過數十個寒暑，我們越來越深陷於自我否認和自我防衛之中，孤獨且空虛，一想到若有人發現背後眞實的我，羞愧和難堪的感受令人無地自容。這是功能不良系統的本質——封閉、孤立無援、自我毀滅，就像是身體裡的惡性腫瘤。

有時候否認也會狡猾到讓你不易察覺。很多人在完全戒酒或戒除毒癮後，還在全盤否認自己曾經上癮的事實。還有人是明明知道自己是工作狂，或有藥物上癮、性上癮的問題，但還是繼續重複這些行爲。

他們會說：「我沒有否認啊，我知道自己是酒鬼，那就不算否認了吧。」

好好地看看自己吧，睜開你的眼睛！瞧瞧你一路走來爲自己設下了什麼陷阱。瞧瞧你那空虛又絕望的感情關係，瞧瞧你的配偶、孩子和身旁的親友，因爲你對待他們的方式而備受折磨。他們既愛你也恨你；他們想跟你在一起卻又害怕你；最終連他們也漸漸成為上癮患者了。

我們都在否認

我們可以買一間新房子，再生一個小孩，搬到新的城市，不喝威士忌改喝啤酒，或做更多徒勞無功的事來試圖「導正」生活，但在承認事情沒有我們想像中的美好之前，一切都不會改變。所有身陷成癮症狀的人都是如此。

母親可能是「公認的」安眠鎮定藥物上癮者，而若你在這個家待久了，你也很有可能成為上癮者。一人成癮往往也會影響周遭其他人成為上癮者。我們為備受上癮狀況折磨的家人找理由、替他們辯解，因為我們也有同樣的問題。把矛頭指向別人總是感覺舒服多了。

我們早在童年時期就學會如何否認，一直延續到成人階段。

否認的其中一面就是當我們終於了解發生了什麼事時，卻搞不清楚它是怎麼發生的。來看看一位非常健康的女性，屬於情緒健康程度最健康的百分之五的人。她跟一個看似聰明靈光的男子約會，這位男士努力表現出最好的一面。但其實他有吸食古柯鹼的習慣，因爲想討她歡心，所以盡量不在她身旁嗑藥。事實上，這可能是他第一次因爲別人而做到這種程度。但我們知道毒品上癮並不只是吸食劑量多寡的問題而已，背後還有更深的原因。它表示我們在社會心理發展的過程中缺乏很多重要的東西，也代表我們情感的杯子是空乏的。試著想像一下，你覺得一個健康正常的女性不會發現任何異狀嗎？當然會。

約會幾次後，她開始覺得這個男人怪怪的，卻無法形容是怎麼個怪法，但這都不重要。她深信自己的直覺，發現這個人在聊到較爲親密的話題時會變得不自在，情緒起伏較大，或者不願意談論過去人生的某個時期，還有其他一些看似輕微但頗有玄機的線索。

如果這位女性的情感狀態眞的非常健康，或許她不會馬上離開他，但會適時地踩剎車，直到覺得可以進一步時再往下走。因爲過去的經驗讓她學到教訓；在她約莫十幾二十歲時，就曾經一頭陷入類似的熱戀，最後落得遍體鱗傷。還好她有健康的心態，情感杯子裡的水量充足，不至於絕望地渴求愛情，所以能夠脫離那段感情。當然她也傷心了好一陣子，但這又不是世界末日。最棒的是她能從經驗中學習，而非長期處在否認的階段。於是她靜觀其變，而她早晚會發現這位男士試圖隱藏的上癮問題；他會想要抓住她、一輩子占有她，以填滿過去靠古柯鹼填補的空虛心靈。他會想要結婚，花更多時間待在她的身旁；或者他會突然消失一陣子，懲罰女友沒有對他百依百順。他開始工於心計，感情關係對他而言像是在下一盤棋，而不是健康、相互尊重的互動關係。

最後他會犯下一個大錯，可能是突然爆發怒火，咆哮大叫；或者在毫無預警的狀況下被女友發現他吸毒狂歡的習慣。當女方的直覺得到證實後，她會開始有技巧地退出這段感情，而當她越走越遠，男友的依存症狀就會越來越嚴重。出於健康的自我保護意識，她會加速脫離，於是這段感情就此結束。女方覺得鬆了一大口氣，男方則抱怨她是個「賤貨」。她了解也接受了現實，而他卻回到否認的狀態。

「至少我現在想吸多少古柯鹼都可以，」他對自己說，「反正那個女的也沒好到哪裡去。」

接下來，否認的黑暗烏雲會再一次包圍他。「我們最後一次見面的時候，她說她覺得我吸太多古柯鹼了，還叫我去尋求幫助。哼，我有問題？開什麼玩笑。所有人都知道我很好，她才有問題吧。笑死人了，所有人都看得出來是她有問題，竟然還敢說我。」

很多心理治療師都說：「在情況改善之前，必先經歷一段比原先更痛苦的過程。」

而否認則會阻礙一切改善的機會。

我們有一位女性朋友的手指原本只是輕微發炎，後來指尖漸漸腫脹，越來越痛。最後她終於去看醫生，醫生馬上發現情況嚴重，幫她注射麻醉劑後把整片指甲拔掉，以治療下方發炎的部位。那眞是痛死了！奇怪的是，過沒幾天，那個痛楚就不見了。再過幾個星期指甲長了回來，又像新的一樣。

否認就像我們的細胞組織將膿瘡給包覆起來，保護身體其他地方不受感染。但若身上有膿瘡，有時候是無法自癒的。

否認自己有上癮問題就是這樣的情形。心理層面的「細胞組織」越來越厚，膿瘡越長越大，而我們也越來越痛苦。我們越痛苦，就越想要否認。我們不停地犯同樣的錯誤，膿瘡也越來越大。結果在沒有尋求任何協助的情況下，膿瘡最終爆裂開來，弄髒我們的雙手。然而上癮症狀的後果絕不只是一點點血和膿而已。上癮的生活型態會造成離婚、虐待、憂鬱症甚至死亡。長期的否認絕對不會對任何人有益。

11 感覺

所有的小大人症狀都與不健全的「情感」能力有關。我們藉由這種不健康的機制來逃避眞正的「感覺」。它們壓抑、隱藏、扭曲、擾亂我們的感受，將恐懼和難過轉變爲憤怒，再從憤怒製造憂鬱，從孤單製造恐懼。一般人情緒豐富，但小大人症狀常常會將各式各樣的情緒扭曲爲一、兩種強烈的感覺。因此，孤單、難過、恐懼、羞恥和被拒絕的感覺都丟入一個大熔爐，溶解成爲憤怒。接著又用其他的方式將憤怒的情緒表現成愛挖苦人、不滿意自己的生活，或是不滿生命中的其他人。憤怒的情緒也會以其他情感虐待的形式出現；經常批評他人、總是有所不滿、完美主義、好鬥成性、愛爭論等等。

相同的道理，對於溫柔、溫暖、安全感、親密感和感官享受的需求，則全部丟入大熔爐中，變成性慾。這說明了爲什麼很多上癮患者的配偶往往表示他們的性生活有時還不錯，但兩人的感情生活還是非常空虛寂寞。我們要強調的是，只擁有一、兩種感覺是有問題的。人類所能感受的情緒絕對遠遠超過這兩種。

許多醫師表示，鈍化、扭曲的情感能力所造成的後果不僅僅是失敗的人際關係而已。急躁易怒的生活型態容易導致心臟病等各種心血管疾病。一個壓力大、過於專注外在事物的生活型態則會導致各種壓力相關的失調症狀，像是高血壓、頭痛、胃病、疲勞和慢性憂鬱症。這些症狀或多或少都跟情感能力的問題有關。而這些問題之所以如此普遍且持續地發生，就是因爲對許多人來說，承認自己眞正的感覺是一件非常可怕的事情。

當不健全的情感能力造成的後果惡化到某種程度時，我們已經太習慣否認，所以要承認自己有問題就越來越不可能了。

「等我們搬家遠離這些親戚的時候，我們的婚姻狀態就會改善了。到時候我就有比較多時間可以照顧家庭。」

「我只是需要一點鎮定劑來幫助我渡過這個假期，之後我就不會這麼常吃了。」

「我知道我先生需要接受性上癮的治療，但我們目前的生活已經夠混亂了，現在眞的不是就醫的好時機。而且他最近也不會每天晚上跑出去找樂子，情況已經穩定許多。等今年夏天我們比較有時間和精力的時候，再去接受治療好了。」

成長於功能不良的家庭系統中，我們很早就知道要在這種環境中存活，必須付出「小小的」代價——學會如何否認、忽視或逃避自己的感覺。我們學會關掉內在那個讓我們痛苦的聲音，它一直在說：「糟糕，你受傷了，快想想辦法啊。」但我們卻假裝什麼事都沒有，一如往常地生活，「希望」總有一天事情會自動好轉。

當我們忽視久了，心中的聲音會轉而顯現在身體上，以及配偶和孩子們的行爲上。遭到否認的情緒將從頭痛、胃痛、潰瘍、疲勞、憂鬱和無助感等狀況表現出來，或在兒女的爭寵、強迫症、害羞、憤怒、藥物濫用中浮現。但我們依然告訴自己要忍住，心想：「如果我可以再忍耐一下，事情就會變好的。」

在進行團體治療時，我們最喜歡說一句話：「瘋狂就是做同樣的事卻期待有不一樣的結果。」

曾經有一對夫妻來找我們接受治療，他們兩人都來自易怒、好爭吵的家庭，所以他們曾經立下誓言絕對不跟對方吵架。十五年看似幸福又美滿的婚姻關係，他們最後是滿腔怒氣地來到我們的辦公室——爲了遵守那充滿美意的「不吵架」誓言，他們累積了十五年的不滿和怨懟情緒，女兒有自殺傾向，而兒子快要遭到學校退學，但他們卻還一頭霧水，不知道哪裡出錯了。

夫妻倆在第一次諮商時不斷地提到他們曾立下的誓言，還有過去這些年來爲了守護這個誓言有多麼努力。但殘酷的事實是，他們內心的聲音比他們更了解情況，一直在想辦法如何掙脫誓言的束縛，卻又不破壞婚姻。

無法確定和無法表達自己的情緒是用來診斷功能不良家庭或個人的主要指標。

「我沒有在生氣！」他咬牙切齒地大叫。

「喔……我很好啊……」她略帶憂鬱地說。語氣平淡且毫無情緒。

接受治療的初期最常出現的反應就是：「爲什麼你一直問我感覺怎麼樣？我不知道我的感覺，我就是不知道。」再過一陣子，開始可以指認出那些感覺時，我們會說：「沒錯，我在這段感情中非常不快樂，但如果我說出來的話，她就會受傷（或是離開我，對我生氣等等）。」

指認你的感覺

我們有一份「感覺用語」清單，約有七十五個感覺，幫助案主了解自己內心深處的感覺爲何。這份清單可以歸納爲以下幾項：

孤獨、受傷、難過、害怕、高興、憤怒、羞愧感、罪惡感

看起來很普通吧？「這有什麼了不起？我一直都知道自己的感覺啊！你說什麼？我當然可以感受到上面所有的情緒啊！」如果對你來說是這樣的話，那代表你的狀況很不錯。能夠感受自身所有的感覺，是避免功能不良生活型態的重要指標，但請務必誠實地面對你自己。

◎孤獨

你的伴侶出差兩個星期，你會承認自己很**孤獨**嗎？你會參加一堆派對，拚命運動讓自己忙得不可開交，或服用藥物麻醉自己，好讓自己不覺得孤單嗎？還是你會用比較健康的方式面對呢？若你承認孤單寂寞，又會如何處理？你是否會憤怒地對另一半吼叫，說他不在的時候你有多難熬，還有他離開這麼長一段時間是多麼不負責任的行爲？你是否會用消極的方式讓他有罪惡感，嘟著嘴悶悶不樂，或面露不悅、發牢騷？

如果你在情緒上對自己誠實的話，你會直接讓這些感受浮上檯面，不會有出於受傷、憤怒或絕望的反應，因爲這種情緒反應的類型通常代表我們失去了健康的自我控制

能力。在健康的狀態下，情緒會在檯面上維持一段時間，而你會讓自己有時間好好思考。他是不是太超過了呢？我是不是太依賴他了呢？我的人生出現了一個缺口。要怎麼填補它呢？這個缺口對我而言代表什麼？對我們的感情關係來說又代表什麼？這是健康的還是不健康的呢？

◎受傷

受傷時，我們會如何面對？

「我不應該爲她而受傷。一個成熟的大人是不會受傷的；所以，我沒有受傷。我會有受傷的感覺一定是壞事，代表我是個不好的人（或不成熟的人等等負面評價）。因此，從今以後我不會再讓自己受傷，我會假裝我沒有感覺。」

或者我們會將受傷的情緒轉化成憤怒，「好啊，你這個混帳！想來硬的？那我就跟你來硬的。像你這種王八蛋想要傷害我？門都沒有！準備接招吧！」

或者我們處理受傷的方式是用消極的方式操控別人。整天在家裡唉聲嘆氣，無精打采地閒晃，昏睡到下午，然後說身體不舒服，再不停地向別人抱怨自己有多受傷。

兩種極端的方式都屬於功能不良的狀態。對自身的感覺過度反應或是完全沒有反應，就像是銅板的兩面，結果是一樣的——否認我們的眞實感受以及與他人的不良互動。

你曾經在喪禮中覺得不自在嗎？或是對別人在喪禮中的情緒反應感到不自在？除非你出席喪禮的原因純粹只是公務，不然你最可能出現的感覺便是**難過**。

◎難過

泰瑞·凱洛格稱難過爲一種「療癒的感覺」。感受難過的先決條件是先感到無助。當你失去了什麼，難過是一個正常合理的健康反應。當父親或母親過世、好友搬家到很遠的地方，或是房子失火而付之一炬，都是一種失去。一開始難過的情緒會令人感到空虛，但最終會成爲重燃希望和生存意志的燃料。難過的情緒可以讓我們不帶羞愧地盡情哭泣，也讓我們有時間好好說再見。最重要的是，在難過的情緒底下，我們不必去思考應該做什麼才是適當的。

我們之所以在喪禮中會感到如此不自在，就是因爲我們不讓自己有難過的感覺。

當你失去了重要的人事物，如果有朋友親戚直接走過來，抱著你說「我好難過」，而不是「我爲你感到難過」，不就是我們需要的嗎？這代表你跟我是同在一起的，你是有人性的。它代表了在面對死亡的那一刻，我們都是無助的。這句話明確、眞誠、實在且深刻。除此之外不須多言。

◎害怕

最近曾經有害怕的感覺嗎？「才沒有！我可是男子漢，男子漢才不會有恐懼的感覺呢！」

在處理伴侶關係的諮商經驗中，我們發現人們的憤怒很大一部分其實是在**否認恐懼**。

「我已經受夠了這些女性解放主義的論調，」他大吼，「我是很民主開明的男人好嗎，但是小孩都還在上學，她就這樣回學校讀書，不是很不負責任嗎？老實說，我眞的是忍無可忍了。」（他其實在說：「我害怕她會在新的世界遇到比我更有魅力的人。」）

此外我們還常常聽到：「喔，喬治，你到底爲什麼還要繼續參加那個愚蠢的男子治療團體？我跟你說，我對那些治療的屁話已經厭煩了。你每週都要花一個晚上去團體治療，還有一個晚上要加班，什麼時候你才可以當個負責任的男人好好照顧家庭呢？」（她其實在說：「我害怕你會變得越來越健康正常，然後發現我生氣的背後其實是害怕。」）

當你跟太太大吵了一架，但在還沒和好前就必須趕去上班，你是否會感到害怕呢？當你的愛人跟你說她覺得這段感情有一些問題，你是否會感到不安呢？當你繳不出這個月的帳單時，你會怎麼做？對著太太大吼大叫並忽視在一旁的孩子嗎？或者你會在孩子們就寢後找太太談談，直接跟她說：「親愛的，我對我們目前的財務狀況有點擔心，而我必須跟妳好好聊聊。」聽起來或許很老套，但一定比用滿腔假裝的怒火（背後其實是恐懼）嚇壞家裡每一個人來的有用吧。

◎高興

你覺得**高興**嗎？「那當然！」

對什麼感到高興呢？「嗯……我想想……我很高興我活著……這樣可以嗎？」

這是個不錯的開始。還有呢？「嗯……我不知道耶……我很高興我……」

其實很多人沒有高興的能力。「我很高興我升職了，但我最好不要高興得太早，免得之後搞砸了。」

「我很高興我研究所錄取了，但我最好不要高興得太早，因爲我爸媽不希望我去念研究所。」

「我很高興吉米那一隊得到冠軍，但我最好不要看起來太高興，因爲法蘭克小的時候沒有贏過任何比賽，而他跟吉米從出生以來就一直互相競爭。」

有時候我們很難有高興的感覺，因爲在成長的過程中我們從來沒有看過身邊任何親近的人快樂過，因此「高興」就等於「糟糕」的感覺。

其實，高興的感覺並不是那麼糟，只是因爲生活是件嚴肅的事，若想要把日子過好，我們最好謹慎一點。當養育我們的親人無法展露快樂開心的神色時，我們也跟著學會關閉「高興」的感覺。整體看來，這好像只是一個小小的缺口。我能感受除了「高興」以外的所有感覺啊，只缺一個有什麼大不了的呢？沒錯，但是「整體性」就不足了。

當我們某一個情緒卡住了，其餘的情緒通常也會跟著卡住，因爲感覺會定義自我：當身爲人類的某一項自然情緒無法抒發時，我們會開始質疑其他的情緒是否合宜妥當。過了一陣子之後，我們再也不確定內在情緒的本質到底是好是壞。而當我們開始評斷自己的感覺是好是壞（而非行爲）之際，我們就落入了情緒問題之中。

我們的感覺純粹只是感覺，它們會永遠自發地在內心流動。我們對自己的感覺有什麼想法，或是要如何與之共處，則是另一回事。

一位對自己的情感坦然的人會說：「我很高興你今天來看我。」當你要離開時，他會說：「我眞捨不得你離開。」一位情感紊亂的人看到你來則會說：「你爲什麼沒有常常來看我？你從來沒有爲我做過任何事！瓊斯太太的兒子每個月探望她兩次呢。你是怎麼回事？我們是多麼辛苦把你養大的，你從來不懂感恩。」嘿！不是應該感到高興嗎？

◎憤怒

對很多人來說，**憤怒**是我們擁有的唯一情緒。對其他人來說，它可能是唯一一個我們不允許自己擁有的情緒。矛盾的是，憤怒既嚇人，又令人感到解脫。它可以是一個隱藏其他情緒的伎倆，也是幫我們脫離窘境最快的方法。憤怒讓我們不用承擔責任（「我會撞到他都是他的錯！」），不論事實爲何，它都讓我們覺得自己是對的。但若你的憤怒情緒掩蓋了其他的感覺，請冒個險，幫你自己一個忙，完全地關閉它一陣子，看看背後是否有其他情緒，正急著要掙脫束縛逃出來。

若想知道眞相，你必須先花點時間獨處，沒有書籍、手機、電腦、朋友、另一半或孩子的任何干擾。短短幾分鐘，你獨自一人，安靜到你對生命本質最深層的連結只剩對心跳的感受。如果你發現內心還有其他情緒存在，好好地感受它。感受過後，如果你還是覺得憤怒，就感受那股怒氣吧。也就是說，如果憤怒是你經常不知道如何處理的情緒，那試著用不同的方法和規則來應對。如果不是，想清楚你眞正要處理的情緒是什麼。

在上癮這個圈子裡，有些人可以對憤怒處之泰然，也有人會覺得不舒服。如果你很「擅長」抓狂，放手一搏試試別的吧，像是受傷、難過，或是恐懼。如果你對「憤怒」不是那麼在行，何不試試看呢？這世上有太多人只學到怎麼當個「好人」，卻不知道該如何做自己。

典型的上癮人士不願我們搶走他們的風采，所以我們放棄據理力爭，而是讓上癮人士來爲自己辯護，因爲他們太愛生氣抓狂了。最後的下場是，我們欺騙了自己，也欺騙了他們，沒有人表現出自己眞實的情緒。

這個遊戲變成：「你幫我處理我的垃圾，我就幫你處理你的。」但它的另一面就是：「我讓自己變得無助軟弱，你就會替我表達我的憤怒，然後我再怪你從我身上奪走一切力量。」

何不試試這麼說？「我想我需要生氣。這不代表我不愛你或是不需要你，我只是需要用自己的力量處理。我發洩完就會更有力量來愛你了。」聽起來如何？

◎羞愧感

當今許多心理治療師認爲，所有上癮症狀背後最深層的原因即是**羞愧感**。格森．考夫曼（Gershen Kaufman）是首先開始研究羞愧感的心理學家，他相信羞愧感是來自於雙方人際關係的破裂，特別是當其中一人比另一人來得有權勢或力量時。羞愧感來自於無法依賴別人，還有被人發現自己無能爲力的無助感。對羞愧感最好的描述就是一種失去自我價值的感覺（在人際關係破裂前自我價值較高）。也就是說，我們覺得自己一文不值——「**我犯了錯**」變成「**我是個錯誤**」。

想像一個被家長批評的小孩。苛責的評語破壞了他們之間的情感橋樑，親子關係頓時受到質疑。

「我做了一件很糟糕的事，」我們對自己說，「所以媽媽不愛我了（不認同我，不關心我等等），以後我需要她的時候她再也不會理我了。」

我們對自己感到羞愧。我們覺得好自卑，好無助，我們恐懼。

爲了釐清**誘發羞愧**的機制，試著想像深愛的人們圍繞著你，你站在正中間，每個人都睜大眼睛指著你說：「你真丟臉！你真壞！你真蠢！你真醜！你真是笨拙！」

這就是羞愧感的本質，它是一種放逐和排斥——被你最珍貴的支持力量、與人的連結排除在外。孩子是可以在沒有羞愧感的情形下接受指正的。但若他內心的聲音一直對自己說「我很糟糕」，那就是羞愧。

就成人而言，通常羞愧感的核心藏匿在內心深處，不會輕易被發現（但別人卻可能一眼就看穿）。我們會用憤怒、難過，或是憂鬱的情緒來掩蓋它，甚至有些人會藉由上癮來逃避。

「她沒回我的電話？算了，誰需要她？我要跟哥兒們一起出去喝個爛醉。」

「老闆不喜歡我的報告？看我怎麼收拾他。我才不會花時間生氣。我要報復！」

「爸媽不喜歡我的穿著打扮？誰理他們啊，我只要跟喜歡我的男孩上床就好了。他們超喜歡我的。」

「我老公覺得我太ㄍㄧㄥ？誰太ㄍㄧㄥ啊。我比他聰明多了，薪水還是他的三倍呢。說我是工作狂？窩囊廢才沒資格這樣說我呢。」

我們有一個朋友對羞愧感的形容是：「我經過鏡子前面，驚訝地發現它竟然認得我，還會反射我的樣貌。」

羞愧感也來自過度的溺愛，因爲我們從來不曾學習獨立自主、自食其力。我們持續依賴家庭所提供的溫暖照顧，以至於面對外在世界時，像是癱瘓般的無助。當家長給予太多，爲孩子做太多，或過度保護孩子不受任何傷害，其實並沒有幫到孩子。**過度溺愛也是一種情感的虐待**。

◎罪惡感

對很多人而言，罪惡感非常微妙且難以捉摸，因爲罪惡感可分爲健康與不健康的形式，兩者的差異往往很難察覺。**健康的罪惡感**會讓我們知道自己確實做錯了什麼事，傷害了別人，提供我們改正錯誤的動力和能量。**不健康的罪惡感**則會在我們其實沒犯錯時，說我們做錯事了，不停地供給能量，使我們癱瘓麻痺。

每當我們站出來爲自己做些事，就馬上感受到罪惡感的襲擊。但是，若我只是想回到校園念書，取得大學學位，而老公卻希望我每天晚上在家爲他做牛做馬，我需要有罪惡感嗎？父母一直打罵我，在生理上和情感上虐待我，所以我不想待在他們身旁，我應該有罪惡感嗎？我們不這麼認爲。

要從功能不良家庭造成的影響中復原，體會自身的感覺是一個不可或缺的能力。請你好好重視自己的感覺，因爲這些感覺正代表你心中那個需要愛、了解、肯定、呵護的小孩。尊重你的感覺，你就開始尊重自己。

12 祕密

大家都同意家家有本難念的經，而常常需要拋頭露面的政治人物可能對此最爲敏感。很多人的政治生涯發展之所以趨緩、受阻或完全停止，就是因爲過去一些不當的行爲遭到曝光，雖然所有人可能都以爲這些事情不會有人記得，包括政治人物本人。而在家庭和親密關係的領域裡，我們小心翼翼守護的祕密則很可能會嚴重傷害我們。

祕密可能是有關我們的感受、想法或是行爲，其中絕大部分跟羞愧感有關，否則我們不會花那麼多精力去保守這些祕密。找到一個安全的地方把這些祕密說出來，是克服上癮和功能不良家庭影響的一項重要關鍵。

若你詢問任何一位來自酗酒家庭的人，問他們家裡的情形如何，他會告訴你全家人一天到晚都在想辦法隱瞞爸爸酗酒的問題；孩子們找一些理由拒絕朋友來家裡玩；媽媽跟孩子們說：「爸爸只是累了」；爺爺奶奶則常常爲爸爸編造一些婉轉的藉口，像是：

「他只是去廚房喝一小口罷了。」

令人費解的是，這件事只在意識的某一個層面中是祕密，但就其他層面而言，每個人都知道這個公開的祕密，而且家中每個人都成了「保密」遊戲的參與者。

再來看看不允許生氣的家庭。家裡每個人整天都堆著笑臉走來走去。我踩到你的腳，你微笑；我想要一個人靜一靜但你不准，我微笑；你忘記接女兒下課，我還是一臉微笑。

在不允許任何人以健康的憤怒來設定自我界線的家庭裡，我們的感覺成了祕密。在意識的最表層，我們都是很開心、滿臉微笑的樣子，但內心深處卻充滿怒氣。最終的結果就是抓狂。

我們的非言語行爲顯露：「我在生氣，我很生氣。」而每個人都無意識地接收到這個非言語訊息。因此，大家都活在雙面世界中，每個人都快要抓狂。當祕密與家庭架構越來越緊密纏繞，家裡的任何一個人就會開始把祕密「表現出來」。

女兒在學校的表現很不理想，常常感到憂鬱沮喪，爸爸爲此非常擔心；媽媽則是耗費所有精力想讓家人開心；兒子不但嗑藥，還經常手淫發洩性慾。如果他們接受團體治療（表面上是要協助大家認爲有問題的那位家庭成員），治療師可能會問他們是否曾經感到生氣或憤怒。全家人則會異口同聲地說，「不會啊，我們不認爲發脾氣有任何好處。我們非常相親相愛。」

走出家門之外，祕密依舊受到保護。甚至連專業人士也無意中替我們保守了那些不健康的祕密。有時候治療師要花上一個禮拜才發現案主有明顯的酗酒或飲食行爲失調問題，也有可能是以前就接受過治療，卻從來沒有人問過他們的飲食或是酗酒狀況。

曾經有一位男性案主，花了四、五十萬的診療費，接受了三位心理諮商師的治療，卻沒有任何一位詢問過爲何他的體重會高達一百五十公斤。事實上，因爲他從很小的時候就學會壓抑內心的祕密，以至於他完全不記得在四十二年的生命裡，有任何人問過他有關體重的問題。

我們問他：「你有沒有試著解決肥胖的問題呢？」他的回答是：「沒有，因爲我一直都覺得自己那麼胖很丟臉，所以從來不曾向任何人求助。」

幾個月過後，當治療強迫性暴食的療程漸入佳境後，他說當初那一個簡單的問句開啓了他新的人生。那句話使他說出了心中的祕密，卸下了過去人生的沉重負擔。

內隱行為

心理治療師談到有必要將內隱行爲外顯化；外顯行爲指的是能夠觀察到的行爲，而內隱行爲則無法直接看見，像是思緒或感覺。

我們曾向案主們解釋在不健康的家庭中，最重要的行動往往隱藏在檯面之下。檯面上的我們都一派歡樂和諧，但內心深處卻充滿了憤怒、害怕、羞恥、孤獨以及困惑等情緒。檯面上的我們泰然自若、沉著輕鬆，實際上卻隨時要失控、非常害怕、神經緊繃。因爲我們的祕密與羞恥感緊密相連，所以要在所愛的人面前表現眞實情緒這件事讓我們非常害怕，於是應該外顯的情緒就隱藏得更深了。

「如果我們不談論爸爸的憂鬱症，或許他自己就會好了。」

「如果我們不談論媽媽的酗酒問題，或許哪一天她就自動戒掉了。」

「如果我們不抱怨他是個工作狂，或許他會花多一點時間在家裡。」

一路追溯到問題的根源時，我們最不想做的就是談論自己的感受。有些人很會討論別人的問題，「我老公不喜歡做愛，那是我們的問題。」但妳對此的感受爲何？這件事對妳有什麼意義呢？妳是否有點害怕他不喜歡妳了？

在感情關係中，內隱問題往往會圍繞於金錢和性這兩個主題上。夫妻可能花好幾年在爭吵錢都花到哪裡去了，但眞正的內隱問題是兩人都無法從這段關係中滿足情感的需求。但這件事太難啓齒，如果我說出來了，她可能會離家出走；她可能會難過到想死。或者她會被激怒，從此一去不回頭。或者她會覺得我有這樣的想法既可悲又愚蠢。如果我把眞正的感覺說出來，一定會被她羞辱。

「性」則是我們用來將內隱行爲外顯出來的毀滅性手段。因爲我很生氣，所以不想跟你做愛。或是我很生你的氣，想要控制你、占有你，所以我只想跟你做愛。或是我很依賴你，又缺乏自信，所以我必須一天到晚跟你做愛。若你不跟我做愛，我就更確定自己毫無存在價值。

爲了要保守祕密，我們的上癮症狀持續存在。他成了工作狂，而這背後有著一個祕密。她對看電視或是運動上癮，檯面下必然潛伏著情感方面的祕密。

去除上癮因子只是戒癮過程的開始，眞正康復的關鍵在於觸及內心深處的祕密，並且不帶羞愧或責難地將它釋放出來。你可能會問，如果眞是這樣的話，爲什麼那些功能不良的家庭不直接把祕密說出來就好了呢？無數案主曾問過我們相同的問題，不論教育程度是小學畢業還是博士學位。

有一位女性案主長年受到丈夫毆打，但從來沒有人知道這件事，而且她丈夫還是醫生。這怎麼可能發生？為什麼她隻字不提？試想如果你住在千萬豪宅裡，出門開賓士車，天天打扮得端莊高雅，你會想讓別人知道丈夫毆打你嗎？你會對別人說「對了，等你把賓士車保養好以後，要不要坐下來陪我聊聊過去十年我被老公打的事」嗎？

許多心理學家相信人類所有的行為都有其目的，我們也同意。有些祕密不說出來可能是好的。七歲那年，那次長途的公路之旅中你尿急，憋不到下一個休息站結果尿濕了褲子。家裡每個人都為你感到難過，幫你換上乾淨的褲子，而旅途愉快地進行。沒有人想要一直討論這件事，因為大家知道你為此感到很丟臉。家人很寬容也很尊重你，這件事就此畫下句點，而你再也沒有尿過褲子。

或是爸爸去露營，晚上喝酒喝太多而當眾出糗。他從來沒有這樣失態過，之後也不太可能再發生。他覺得很不好意思，回家後和家人分享整件事的經過，大家笑了一下子也就過去了，沒有任何問題。

而不健康的祕密也差不多以相同的方式開始。爸爸媽媽晚上大吵一架，吵到凌晨一點多，你隔天去學校上學，整天惶惶不安而且神經緊繃。你不希望學校有任何人覺得你家裡有問題（因此覺得你有問題），所以你對此事絕口不提。當天傍晚回家後，你發現爸媽已經和好如初，一切沒事了。沒什麼大不了的。

但事實上問題並沒有完全解決，五天後他們再度在深夜大吵。過了兩天又大吵一架。爸爸離家出走了好幾天。

你很不舒服，感覺胃都絞在一起。你無法專心上課，成績開始落後。你常常感到難過，希望事情可以好轉。你渴望有個人能夠聽你傾訴心事，但你說不出口。你的羞愧感告訴你，跟別人說這件事很丟臉。或許爸爸媽媽不准你跟任何人提起家裡的事。又或許你只是祈禱，希望只要你忽視它，久而久之問題就會自動消失不見。過了好一陣子，經年累月下來，這個祕密在不知不覺中緊密地依附於你的無意識裡，成爲一個不健康的祕密，看來將永遠伴隨著你。

又可能爸爸對於看電視這件事非常嚴格，他勉強讓你看電視，但又隱約讓你知道他不喜歡你看電視，而你根本沒有很常看。過了一陣子，你還是看電視，但只要提到電視就會一副好像很討厭的樣子，不過你還是繼續看。

當你長大成人以後，你變得無法停止看電視。你沒有眞正的朋友，若沒有電視相伴你會感到一片茫然，無所適從。但當大家談論到電視這個主題時，你又馬上表示你不常看電視。

這其中的一個祕密是你其實有看電視。而另一個更深層的祕密是，父親令你感到難堪與羞愧，而你爲此憎恨他。這個被小心保護的祕密會在多年後顯現出來，當你有了兒子時。你會常常找事情批評他，可能是他的頭髮、他的衣著打扮、他喜歡的音樂或運動、他的餐桌禮儀，或花在看電視的時間。你不知道自己爲何這麼做，你根本沒察覺自己正在傷害他。你只是單純地覺得兒子身上有些事情很不對勁。

而檯面下的眞正情形是，你依然覺得自己身上有很嚴重的問題。這個祕密是有關於你自己的羞愧感，而且是從你父親傳給你的。

要將家庭的祕密公開是極其困難的事。尤其是涉及亂倫或是性虐待的案例，可能要花上數年甚至數個世代，祕密才會顯露出來。我們每年至少會在報紙上看到一則這樣的新聞——一位成功的醫生或律師，或是在學校很受歡迎的高中生，某天回到家舉槍自盡，有時候還結束了其他家人的生命。而每個事件背後都有一個非常重要的祕密深埋著，可能是視「失敗」爲禁忌、禁止女兒太過陽剛或兒子太過陰柔，或者限制我們能夠感受的情緒範圍。

多年之後，我們的內在越來越分裂，再也不知道自己眞正的感覺爲何。我們變成兩個人：一個是外表戴著面具的我，一個是內在眞實的我。情感上分裂爲二的我們，最終外在生活也將呈現分裂的狀態。

十二步驟治療團體（例如匿名戒酒會）之所以能如此成功地幫助我們戒除上癮症狀，一個重要因素就在於它讓我們有機會面對處理內心深藏的祕密和羞愧感。如果你問任何一個正在康復中的人，當初第一次參加匿名戒酒會或是戒毒療程時感覺如何，他們都會說那是人生中最漫長的一段路，好像死囚排隊等待行刑一般。他們覺得自己對一切都無能爲力，覺得無助、失敗，反正一切令人羞愧至極。

我們可能會說：「我覺得需要接受治療很丟臉。」配偶則會說：「但我眞的無法繼續忍耐另一半是酗酒者帶來的羞辱。」

但通常在跨出第一步的幾天後，大部分勇敢接受療程的人都開始感到如釋重負。一路以來背負著所有恐懼和羞辱感，如今擔子已不再那麼沉重。我們身邊有同伴圍繞著，完全坦誠自我，將自己內心最深層、最羞愧的祕密公諸於世，沒有人會指著我們說：「你眞丟臉！」也沒有人會因爲承認自己是酗酒者、共依存者，或是性上癮者就覺得自己愚蠢、醜陋、笨拙或差勁。

當然，「外界」可能有許多人會輕易地評斷和批評我們。但有十二步驟治療團體或其他治療團體這樣健康的家庭代理系統在背後支持，我們就能夠釋放內心的祕密和恥辱，也因此化解我們功能不良的信念。

最常見的祕密有：

1. 上癮疾患。
2. 亂倫或是性侵。
3. 肢體暴力。
4. 自殺。
5. 失敗。
6. 心理疾病。

13 我們的自我認同怎麼了？

目前爲止我們說明了功能不良生活型態來自於不平衡的家庭系統。但針對個人而言，到底發生了什麼事呢？家庭的功能失調對於自我認知或內在自我概念的釐清，或對於理解我們到底是誰，會造成什麼樣的影響呢？這些都是屬於自我認同的問題。

這裡的認同指的是一個人對自我的定義。我們指的是對價值觀、信仰、行爲和生活型態的自覺和承諾。自我認同包括我們喜歡什麼，不喜歡什麼，願意冒什麼樣的風險，也包括我們的信念，不論是宗教、哲學、政治和科學方面。自我認同也包含了我們性方面的行爲和感受，我們的職涯選擇，對工作的滿意程度，要不要生小孩，要不要上教堂做禮拜，要結婚或只是同居，或我們喜歡在休閒時間做些什麼事。不論我們是酒精上癮、古柯鹼上癮、性上癮，或是慢跑上癮，那也是自我認同的一部分。著名的發展心理學家艾瑞克．艾瑞克森（Erik Erikson）提出了八個社會心理發展階段，幫助我們檢視人類從出生到死亡是如何不斷地成長和轉變。就算在健康的家庭長大，在長大和離家獨立自主的過程中一直保有明確的自我認同也不是一件簡單的事。大約介於十三到二十四歲的這段期間，我們的主要發展任務是認清自己是誰，並成爲獨立自主的成人。而根據艾瑞克森的說法，此項任務的重要關鍵在於能否完成社會心理發展的前四個階段挑戰，而其中也包含與早期發展任務相關的議題和技巧。

走向**自我認同危機**（Identity Crisis）的四個階段爲：

0歲至1歲	信任感VS不信任感
1歲至3歲	自主行動VS羞愧、懷疑
3歲至6歲	自動自發VS內疚
6歲至12歲	勤勉VS自卑

這些階段代表著**心理發展危機**或是**任務**，而且每個階段相輔相成。這表示若最下層的基石不穩固或根本不存在，整個架構都會變得搖搖欲墜甚至倒塌。相同的道理，若人生早期階段的發展不盡理想，當我們試著變成大人時就會遇到許多問題。

信任感VS不信任感

在人類世界生存，第一項挑戰就是發展出基本的信任感。這意謂著我們知道自己是能夠依賴別人的，而這個世界基本上是一個安全的地方，我們可以在其中存活。如果我們在嬰兒時期的需求得到充分滿足，例如飲食、照護、關愛、肢體接觸，那我們就很可能會發展出信任感，但信任感還表示，即使無法馬上得到所需的東西，我們還是相信最後會有解決辦法。

例如，一個兩歲的幼童不必成爲家裡的小霸王才能得到所有他想要的東西。如果我們告訴他，再等幾分鐘晚餐就做好了，或者跟他說不可以把玩具店裡看到的玩具都帶回家，他基本的信任感也不會因此受挫。

事實上，如果讓孩子們予取予求得到所有東西，才是在破壞他們的信任感，因爲我們會讓他們活在一個不存在於現實中的世界。也因此，人生中最重要的發展主題之一在第一個階段就展開了：**過與不及都沒有幫助**。

會讓孩子對自己和外在世界產生不信任感的原因有：明顯的肢體或情感虐待、忽視或遺棄；較不明顯的狀況有：反覆無常的照顧態度（交給保姆或托兒所不代表就不需要一致性）；家長自己的情緒很緊繃或是充滿壓力，導致無法提供嬰兒妥當、即時的關愛和照顧。過多的衝突會使幼童感到沮喪，而當家長過於保護，不讓他們以正常的方式探索世界和認識自己的身體，也會讓孩子感到沮喪。嬰兒必須學習依賴他人，就算這個世界無法每次都滿足他們的需求也沒有關係。驚嚇、寵溺、忽略或虐待都可能帶來陰影，若有一絲不信任感的存在，就可能造成我們日後嚴重害怕被遺棄。

自主行動VS羞愧、懷疑

此階段學習的主題是自主獨立。孩子在一歲到三歲之間會變得好動，他們學會運用語言強大的力量來定義自己的個性（像是學會說「不」這個字），而他們的目標是開始具備獨立性，但仍然相信這個世界，感覺安全。

兩歲的孩子開始會走路了，搖搖晃晃地探索周遭的事物，想要什麼就說，並不斷與大人爭奪掌控權。但因爲他們還是很脆弱，需要依賴大人，所以他們不但需要擁有自主權，同時還要了解如果在探索的途中遇到可怕的事或受到傷害，隨時可以回到大人身邊獲得安慰。

想像你兩歲大的兒子哭著跑回家說：「大狗狗跑進院子裡對我叫！」那隻狗便是一個對自主行爲的威脅，孩子會覺得：「我以後不能自己一個人跑出去，因爲外面太危險了。」如果家長只是單純地同理他的感受，說「天啊，那一定很可怕」，並給他一個大大的擁抱，不去評斷他的感覺，讓孩子再次得到安全感，他很快就可以回到外面的世界去玩耍探險。

相反的，若家長的回應是羞辱他：「男孩子不准哭！」「我告訴過你不准自己一個人去外面玩」，或沒有在事發當時陪伴（可能不在身旁或是完全忽視），我們就會開始將羞愧和懷疑內化到自己身上。

同樣的，若我們在嘗試成爲獨立個體的過程中受到太多限制，也會對自己感到羞愧和懷疑。過度保護的家長雖然是爲了孩子好，但就讓孩子失去了離開父母的機會。而當家長過度縱容孩子，沒有教他們在外面如何舉止合宜，他們也會對自己感到羞愧和懷疑。父母沒有教小孩規矩，於是小孩在家裡爬上爬下，時常摔壞東西，把家裡搞得天翻地覆，而這些行爲到了別人家或是在學校中往往會遭到嘲笑。

最重要的原則就是適度。我們必須爲這個年齡層的孩子設下適當的界線和規範，同時給孩子足夠的自由和安全感，讓他們想要開始獨立自主地發展。

自動自發VS內疚

我們在這個階段會開始著手進行很多事情、創造東西，甚至去做一些超越能力所及的事。對於那些感覺自己被卡住，只能墨守成規或無法獨立做決定的人，通常在這個階段曾遇過問題。

孩子介於三到六歲時開始想要當個大人，例如跑到廚房學爸爸媽媽的樣子扮家家酒煮飯，或是跑到車庫拿出鋸子來做些東西等，這都與突破自我有關。舉個現實的例子，爸爸一心一意想要改掉廚房的格局，所以趁媽媽出差時把廚房的牆壁敲掉。媽媽回到家看了非常不喜歡：「你怎麼可以在沒跟我討論的情況下，在我的廚房裡大肆改造？」爸爸有點羞愧，同時也感到內疚。他「做錯事了」，違反了某種道德標準。

三到六歲這個年齡所面臨的任務是開始內化對與錯的準則，同時不影響自動自發的能力。

如果我的小孩六歲就想要改裝我車子的引擎，我就必須跟他解釋這是不適當的行爲，因爲他的年紀還太小，而且這是「我的」車，不是「他的」車。我如何表達這個訊息才是重點所在。

如果我只是說：「你眞是太讓爸爸失望了，我眞驚訝你竟然這麼做，太令我傷心了！」我的小孩當然就不敢再犯。

如果我時常用這種訓斥的方式管教孩子，我會養出非常聽話，但直到長大成人都還無法獨立自主的孩子。他們會非常「乖巧」，但除此之外沒有其他長處。他們會時時充滿內疚感，個性優柔寡斷。他們總是在意自己的行為會不會影響別人，卻從來不曾考慮自己的需求或是感受。他們會非常小心，不去違反自己內化來的所有規則，有最重要的規則、次級重要的規則，以及枝微末節、毫無意義的種種規則。

勤勉VS自卑

在這個階段中，我們會發展出競爭力和自信心，讓我們可以在自身文化中生存。這時所需的技巧包含基本的閱讀、寫字和算數，但還有更重要的東西。

確實，在這世上生存是需要一些學校教的技能，但學校及家庭教育一再強調的技巧往往非常狹隘。並非每一個孩子都能成爲數學神童、大文豪，或是物理天才，或是畢卡索、貝多芬。若沒有受到限制，有些孩子可能成爲優秀的機械技師，有些則是稱職的會計師，或是技術一流的水電工。在學校讀書的階段是養成孩童自尊心的關鍵時刻，也是他們認同年紀稍長、經驗較豐富的人，與他們做朋友的重要階段。所以，若兒子很喜歡同學的父親，因爲對方指導他如何修車，這對兒子和我們而言都是美事一樁。若女兒很喜歡她的英文老師，每次上課都雀躍不已，也沒什麼關係。

但如果孩子在這個階段不曾對自身有過任何良好的感受，這就有問題了。把家裡兩個小孩拿來互相比較是不對的；若我們因爲自己的小孩喜歡同學的家長而感到非常嫉妒，也是有問題的，需要尋求心理治療來解決功能失衡的情況。

如果老大數學很厲害，老二很會畫畫，而老三很會組裝機械零件，這是好的。如果孩子的成績沒有達到九十五分或是八十分，或沒有達到我們對成功的標準，但他們仍然對自己有信心，也是好的。我們知道許多事業有成的有錢人不曾完成高中或大學學業；許多成功又快樂、但沒那麼有錢的人也是如此，其中有人是高中畢業，有人有大學學位，有的則取得了博士學位。

在此階段學到的基本技巧在於如何做事，如何與人共處、與人交際，如何讓身邊的人支持我們，得到生活中所需的東西，並且對我們做的事感到驕傲。然而，實際付諸行動的重要性遠勝於如何執行的細節。在僵化的功能不良家庭裡，正確的方式只有一種；

而在健康的家庭中，可行的方式則千變萬化。

自我認同VS認同混淆

如前所述，以上四個階段帶領我們來到社會心理發展的第一個成人階段，稱爲自我認同VS認同混淆（也稱認同迷失），年齡介於十三到二十歲之間，視我們接受正規教育的年限、經濟狀況和家庭因素而定。艾瑞克森和研究其理論的心理學家認爲，我們必須經歷兩個重要關鍵才能達到明確的自我認同：危機和承諾。

艾瑞克森認爲，若沒有經歷社會心理延緩（psychosocial moratorium），很難成爲一位健康且具有良好自我認知的成年人。社會心理延緩指的是一段自我質疑和叛逆的過程。

在這個過程中，我們會質疑自己的宗教信仰，從小到大被灌輸的價值觀，父母刻意或是默默爲我們選擇的職涯方向，生活型態的偏好等等。在自我質疑的過程結束後，我們可能會繼續接受童年時期的信念與想法，但我們將不再是小孩子，也不再是因爲「有人告訴我這麼做、這麼想才是對的」而行動。又或許我們不再接受童年時期的想法，而選擇了其他不是父母灌輸的思考方式。

確定的是，若我們不曾經歷叛逆和自我質疑的危機過程，也將無法通過自我認同的階段。這也就是爲何許多功能不良家庭的孩子，接近成年時會出現這麼多的問題。

而自我認同的承諾部分則牽涉到我們最終必須對自己的信仰和生活方式做出明確的選擇，而且不是口頭上說說而已。我們必須有所行動。

若一個人選擇過一夫一妻制的生活，卻還常常發生婚外情，他就沒有對一夫一妻制的生活做出承諾。若一個人宣稱自己是虔誠的基督徒，卻視家人和公司員工爲糞土，他就沒有實踐信仰，只是說說而已。如此浮誇的言詞，對他的家人而言是一種雙重訊息，讓他們無所適從，最終將得到反效果。

若家長在孩子面前總是說一套做一套，孩子必然會失去對父母的尊敬。

根據個人歷經危機的困難程度以及承諾的深度，加拿大的發展心理學家詹姆斯．馬夏（James Marcia）根據艾瑞克森提出的理論，發展出四種可能的自我認同狀態：

成功認同

我們對於工作、信仰、性關係，政治思想和生活型態都經歷了一番認同危機，也爲目前的選擇立下了清楚的承諾，所以我們的感覺、信仰和行為都會是一致的。但我們一定要對生活中所有的細節都立下明確的承諾嗎？不盡然。但承諾越少，我們就越難成功達到自我認同。

延緩認同

我們處於危機階段。我們時時刻刻都在追尋，嘗試不同的角色，跟不同類型的人約會。我們嘗試去念不同的科系，換不一樣的工作，但冥冥之中好像有個力量在指引我們的方向。目前我們還沒有做出明確的承諾。

閉鎖認同

筆者認爲大約有一半的人都處於這個狀態。若我們是尙未突破自我否認狀態的小大人，那我們極可能處於第三或第四階段。閉鎖認同表示我們看似有一套清楚的承諾和目標，但卻不曾經歷自我認同危機的過程就得到結論。

我們進入成人階段，心態卻還是處於童年時期，只是換了大人的身軀。我們穿西裝打領帶，言行舉止像個社會人士，並提醒自己對成人的價值觀深信不疑，但事實上我們並不是成人，因爲我們還沒有眞正長大。

爲什麼呢？因爲長大是一件可怕的事，它令人受傷，有時候令人感到孤獨。它表示我們必須跟童年說再見，與過去兒時一路伴隨成長的綺麗幻想或是可怕夢魘和平共存。身爲小大人，我們被太多可怕的惡夢牽制，以至於要脫離閉鎖認同是很困難的事。其實正是自我否認和恐懼讓我們陷於泥沼當中。

「我的丈夫才不像我爸爸呢。」我們堅稱。「我爸爸是個酒鬼，而我老公是個認眞工作，負責任的好男人！」將以上這段小大人的話翻譯成白話文，則是：「我老公是個無心爲家庭付出的工作狂，但因爲他不會酗酒，所以一定比我爸爸好多了。」否認機制就是如此運作的。

結婚久了以後，我們會說：「雖然我的丈夫無法付出感情，但我還能怎麼辦呢？他能提供我衣食無虞的生活，讓我擁有所有女人都想要的物質享受。況且我根本不知道要如何養活自己。」這就是恐懼對待我們的樣子。

要脫離閉鎖認同就像是夜裡站在懸崖的邊緣，沒有月光、一片漆黑，不知下面是三公尺深還是三百公尺深，我們仍舊一躍而下。但是在沒有一個強力的支持體系協助下，我們不應該貿然行動。

要做出大幅度的改變常常會遇到風險，因爲周遭的人會批評影響我們。意思就是：我們會感到內疚羞愧。「她眞是瘋了，一定是瘋了。嫁給他對所有女人來說都是美夢成眞啊！」（但對她來說是一場惡夢。）

「妳怎麼可以回學校念書，那我跟孩子怎麼辦？誰來煮飯洗衣服？我每天晚上要跟誰做愛？」意思就是：先生可能有性上癮的症狀，或者至少是過度依賴女性；而孩子們則是被寵壞了，不會用洗衣機也不會煮飯。

我們在脫離閉鎖認同的路上會受到許多外在的責難，因爲這變動眞的太大了。我們甚至看到專業的心理治療師將案主歸類爲「功能不良」或「精神官能症」，事實上他們只是單純地進入人生中健康的延緩認同階段而已。換句話說：他們正在爲長大成人冒險一試。給他們一點鼓勵吧！

認同混淆

我們在此狀態下常常會遭遇危機，但與延緩認同中面臨的危機是不同的。這個危機是一個無限迴圈，沒有方向性可言。我們從一個情人換到另一個情人，從這個工作換到那個工作，從一種價值觀換到另一種，又從一種生活型態換到另一種生活型態。我們是迷失的靈魂，在地球上尋求一絲安全感卻徒勞無功。我們之中有些人是犯罪份子，有些人是藥物上癮者，在尋找安全感的過程中傷害了很多人。

我們在大學可能是校園的風雲人物、萬人迷，而我們從來沒有眞正脫離那個角色。或者我們是某種宗教的基本教義派，自我認同全受自身之外的規範所定義和掌控。有些人可能自以爲態度隨興、思想開明，但事實上差得遠呢，我們無法接受不同的意見，因爲不同的聲音會威脅到自我認知。當我們達到第一階段所說的成功認同，絕大部分的自我認知會安穩地存於心中，不會因爲他人的意見不同而遭到威脅。

有人問我們，爲何會有那麼多人願意跟隨吉姆．瓊斯（Jim Jones）到圭亞那（Guyana），並在他的指令之下集體自殺（注5）。我們相信這些人的自我認同是混淆的，他們需要吉姆．瓊斯定義自己的人生，甚至可以放棄自己的性命。

我們在進入青春期時必須擁有堅強和健康的基石，日後才能超越閉鎖認同或認同混

注5：一九七八年，美國人民聖殿教（The Peoples Temple）教主吉姆．瓊斯率領信徒在南美洲圭亞那的瓊斯鎮（Jonestown）集體自殺，九百一十四名信徒喪生。

淆的狀態。我們也必須回顧過往，重新檢視童年「好的」與「壞的」記憶與感覺，停止像童年時期那樣地崇拜父母。我們的父母不是聖人也不是怪物——他們只是凡人。將父母視爲一般人，不再將他們視爲偶像，對小大人而言是件極其痛苦的事，因爲我們深深地與父母糾結在一起，不論他們過去是太過溺愛我們，還是虐待、忽視我們。感到糾結的原因在於，我們不停地跑回乾涸的水井尋找水源，但卻一滴水都沒找到。我們不停地祈禱，希望有一天井水會滿溢，但卻從來不曾發生。我們不斷追求的或許是父母永遠無法給我們的東西，因爲他們自己的童年也受到虐待和忽視。

兒童心理學大師愛麗絲．米勒（Alice Miller）曾巧妙地形容，要承認父母沒有（以完美健康的方式）愛我們的能力，要比相信我們是因爲「不乖」所以不值得被愛更加令人痛苦。因此我們繼續維持閉鎖認同，直到有一天痛苦指數瀕臨破表時，才被迫改變。

換言之，上述症狀、上癮疾患和痛苦其實都是我們的朋友。他們讓我們知道心中的那個孩子已經受夠了，他們想要得到幫助，眞正地長大。

14 關於親密關係

親密VS孤獨

艾瑞克森的社會心理發展理論中的下一個階段叫作親密對孤獨，對許多小大人而言，親密關係正是人生經歷過的最重大危機。

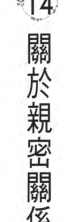

我們對親密關係的定義為**有能力在一段關係中與別人相處，而且不會犧牲身分與自我認同**。雖然親密關係有很多不同的形式，像是肢體接觸、性行為、知識交流、人際互動、精神層面的扶持，還有分享興趣嗜好等等，**但若經常失去自我，這樣的關係就不是親密關係，而是共依存**。

在性行為的過程中一時失去自主的感覺是正常的，但若總是聽對方的，卻不曾尊重自己的意願，就不正常也不健康了。若我們真的不在乎要看什麼電影，那讓別人決定也沒關係；但若內心深處其實是在意的，卻很少表示自己的喜好意願，那就是過度依賴他人了。

檢視雙方關係是否健康，最有效的方法就是確認內心真實的感受，而且必須復原到一個程度才有辦法讓這些感覺浮上檯面。以下列出在親密關係中和在依存關係中有什麼不同的感覺。

親密關係（相互依靠、信任）	完整無缺 愉悅 有能力 興致高昂 有力量 清楚明確 舒服 平靜 有成就感 感恩 高興 興奮 信任 獨立自主 團結合群
依存關係（依存／孤立）	絕望 恐懼 焦慮 被拒絕／被排斥 憤怒 困惑 被遺棄 疲累 沒有存在感 被控制 被利用 被操縱 空虛 孤單 失去自我

以下再列舉幾個最常出現在小大人感情關係中的現象：

物化他人

當情感需求的杯子空乏時，我們會很想將朋友和愛人物化成足以彌補內心空虛的東西。我們將朋友們變成自己的心理治療師、另一個爸爸或媽媽，或是救世主。

我們將愛人物化爲性工具，目的在於短暫地感覺舒服和親密，但我們其實缺少經營一段健康關係的能力，那需要更廣義的親密能力。身爲治療師，身爲一個凡人，筆者相信眞正的親密關係乃建立於日常生活的點點滴滴。很多人一開始視爲「無聊」的舉止，到了逐漸復原之後才體認這是眞正的親密感。

虧欠與補償

物化的另一種形式就是不斷地爲別人付出，直到我們用盡力氣，冀望對方會覺得虧欠而有所回報，那時我們就可以大聲地或輕柔地說對方「虧欠」我們。我們會說：「看看我爲你做了多少事！」這句話是一個警示，顯示我們正處於一段上癮的關係當中，犧牲了自我和尊嚴。

難以談論感覺

著名的心理治療師卡爾．羅傑斯曾說過，若有任何一再出現的感受，不論當下看起來多麼微不足道，都需要表達出來。在健康的關係中，這些感覺會在演變爲憤怒怨恨之前及時得到抒發和處理，並顧及對方的尊嚴，以委婉的方式表達。例如：「湯姆，我需要好好和你談談我們最近相處的情況。我眞的非常愛你，但近來我發現自己缺少一些獨處的時間，而我不希望這個感覺干擾我們的感情……」

選擇伴侶的弔詭

研究家庭系統理論的學者表示，我們成年後往往會重演原生家庭的戲碼；傳統佛洛伊德學派認爲我們最終會與和父母相像的人結婚，這個說法是有幾分道理的。但是人們常被這個論點給混淆，因爲他們只觀察到自己以及父母的外顯特質而已。

如果母親非常情緒化而且很黏人，我們可能會娶一位看起來堅強又獨立的妻子。但如果我們來自功能不良的家庭系統，那位看似堅強獨立的女人內心很有可能尙處於閉鎖認同階段，依賴性很強。當依賴心理一爆發，她可能會變成一個高標準的人，專橫、愛批評，因爲她內心其實很恐懼。待在這樣的人身邊可不是件輕鬆愉快的事。

或者她顯露依賴性的方式是讓你無止盡地糟蹋她，這樣一來她就是受害者，而你是加害者。她在工作方面既有能力又獨立，但在感情關係中卻非常無助。

實際情況其實是：對於母親的無助和依賴，你應對的方式是成為像你父親一樣的加害者，並娶了一個你以為跟母親截然不同，但骨子裡卻一模一樣的女人。當我們對於原生家庭有所反應，表示我們依然受其牽制，無法建立明確的自我認同，做出屬於自己的選擇。

不明確的界線

我們的生活過於牽扯糾結。你的悲傷變成我的憂鬱；或是我期望你可以滿足我所有的需求，不停地索討。我要你來填滿我的感情，不知如何停止對你無盡的要求。我在你不想要的時候強迫你跟我做愛。我強迫你跟我討論我的問題直到凌晨三點。我嫉妒你的朋友們，尤其是異性朋友。換句話說，我就是不想讓你做自己。與其自己去找快樂的方法，我反而責備你害我這麼不幸和痛苦，卻沒有想到我們是不同的個體。

尚未脫離小大人症狀的人很容易陷入一片糾結，而無法享受親密關係，因為我們喪失了自我認同。

難以面對分離

離別是生活的一部分。生活本身就是一連串的相聚和分離。身為小大人的我們卻對此不勝負荷，很害怕對方一旦離開就再也不會回來。於是我們對每一次的分離大做文章，製造衝突；當對方要離家出差四天，就為此爭論不休，等他回來時又繼續碎碎念。或是白天上班一日沒見，晚上好不容易在一起時，又開始爭吵我們不夠親密。

德國詩人里爾克（Rilke）形容愛就像是「兩個遺世獨立的靈魂守護著彼此，互相碰觸，互相敬重。」我們無法做到的一大原因就在於接下來要介紹的另一個問題。

所有雞蛋放在一個籃子裡

我們投注太多時間心力在少數幾個親密關係中，並期望配偶或是另一半可以扮演所有角色——父母、愛人、朋友、球友、孩子的爸或孩子的媽、知心密友、心理治療師、保姆、養家的人等等，但沒有人是萬能的！我們很喜歡的一本書《心靈地圖：追求愛和成長之路》（*The Road Less Traveled*）的作者史考特．派克（Scott Peck）就說過，除非我們能夠在沒有對方的狀態下獨自生活，否則就不是真的彼此相愛。

控制欲

這個問題與我們害怕被遺棄以及害怕死亡的心理非常有關。我們既無法阻止生理的衰老，也無法強迫別人愛我們。我們陷入的掙扎就是一種想要控制一切的欲望。其實上癮就是這個道理，上癮患者的癮頭往往會在獨處時，或是另一半出遠門時變得嚴重。當另一半在身邊時，我們又想要控制對方，掌控整個局面，結果只是將他們推離自己更遠。

難以成熟處理衝突

無可避免的，感情關係當中一定會出現衝突。每當雙方緊密相處一段時間後，各自的主觀想法會導致意見分歧以及需求與價值觀的衝突。這是很自然的，而在健康的關係裡這些衝突會解決安撫，但在不健康的關係中，衝突則會不斷地衍生；或是雙方爲了避免衝突而選擇事事妥協，最後兩人都覺得無聊煩悶。

共同的興趣？

這一點實在很難下定論。我們需要與伴侶擁有相同的興趣嗎？一、兩個就好嗎？還是不要有相同的興趣？當然有一些共同的興趣對感情關係是有好處的，就好像兩人若個性相似會更合得來是一樣的道理。但這絕不代表我們必須是一模一樣的人。我們認識許多恩愛的夫婦有著相似的興趣和個性，也有很多伴侶的喜好和人格是非常不同的。重點在於我們能夠用對對方有意義的方式來滿足他們的需求，分享人生觀，而且這段關係能爲彼此的生活增添內涵，而非使之枯竭。

親密關係的對話

愛與依存的微妙區別有時候很難拿捏，而眞正的愛應該是一份不受束縛、不求回報的珍貴禮物。同時，我們必須在感情關係中互惠、相互關照，這聽起來好像有點矛盾。若解讀錯誤的話，互惠會變成先前提到的虧欠與補償症狀，但兩者是截然不同的。

感情關係中有一個困難之處，就是我們必須互相遷就，對彼此付出，而這也表示我們覺得這段感情值得付出。我們不應該只因爲對方要求就無止盡地付出；相同的道理，我們也不能霸道地要求對方滿足自己所有的需求，只能問對方願不願意。這的確非常矛盾，對小大人而言，這也是我們必須超越的艱難課題。

請試著思考以下的對話：

太太：我最近在讀一本書，談到小大人的親密關係，裡面提到小大人的感情生活容易過於牽扯糾結，不然就是太過疏離。你覺得我們的關係怎麼樣？

先生：嗯……我不是很確定耶，我想是介於這兩者之間吧，應該還算平衡。

太太：喔……大概吧。

先生：怎麼啦？妳聽起來有點沮喪。

太太：喔，我不知道耶……我是想說，你不覺得我們越來越疏遠了嗎？

先生：不會啊，我覺得我們各自的生活和共同的生活還算平衡啊，但妳顯然不這麼認為。到底怎麼了？

太太：我只是覺得我們的關係沒有你說的那麼好罷了。沒錯，我就是這麼覺得。

先生：好，但妳也不用因此不爽吧，難道我們不能好好談一談嗎？

太太：不爽？你又開始批評人了！

先生：我批評妳？我只不過說一句「不用因此不爽」，這樣就變成愛批評人了？

太太：你一定要用「不爽」這樣的詞嗎？

先生：喔，好啦好啦，妳知道我的意思。

太太：是啊，你的意思是我情緒化。

先生：拜託妳饒了我吧，好嗎？

太太：這話又是什麼意思？

先生：我們先暫停一下。

太太：好。

先生：妳剛剛說妳正在讀一本有關小大人的書，它的內容令妳煩惱。我很關心妳，所以我想知道妳在煩惱什麼。

太太：哦，所以你真的在乎嗎？

先生：我當然在乎啊。

太太：好吧，聽到你這麼說真好。（一段漫長的沉默後）那就是我煩惱的點，有時候我們太過疏遠，我就會懷疑你到底在不在乎我。

先生：我真的很在乎妳啊，而且妳說的沒錯，我們有時候是真的太疏遠了。

太太：我感覺好多了。剛剛差點就要上演以前老是爭吵的舊戲碼，讓我好害怕。

先生：我很欣賞妳能表達那些細微的感受。對啊，我剛剛也有點怕呢。

太太：謝謝你，我想我需要多一點和你相處的時間，沒有孩子在一旁吵鬧，也沒有一天到晚響不停的電話。

先生：我也需要多一點和妳獨處的時光。

太太：我們什麼時候才可以獨處？

先生：我下週一必須完成一份簡報，我之前一直拖延，因為我很討厭做這件事。但如果我認真做的話，明天晚上就可以做好。到時候我們就可以共享整個週末了。

太太：那我們要去哪裡？

先生：哪兒都好，給妳選地點。

太太：好啊，我來挑。

先生：我愛妳。

太太：我也愛你。

這段談話從一開始的平靜演變到一度瀕臨破局，最後又和解，就是因爲有互惠關係。

互惠是什麼？互惠表示這對伴侶擁有平等的力量、需求、影響力、依存性、獨立性、相互依存性、自主性、勇氣、尊嚴、自信心，還有很多很多……他們情感的杯子相對而言是較爲滿溢的。原先提到的「矛盾」對這對伴侶來說不是眞正的矛盾，因爲他們已經超越了這個狀態，不會因此受到傷害，至少不是現在。他們確實認眞付出和妥協。

而另一對感情關係和成長狀態都在不同狀態的情侶，他們處理矛盾課題的方式就不一樣了：

女友：我最近在讀一本書，談到小大人的親密關係，裡面提到小大人的感情生活容易過於牽扯糾結，不然就是太過疏離。你覺得我們的關係怎麼樣？

男友：我不知道耶，我對我們的感情狀態還頗滿意的啊。

女友：其實我最近滿心煩氣躁的，因為我們似乎越來越少交談，好像漸行漸遠了。

男友：喔？

女友：我還滿難過的。

男友：是喔。

女友：然後我想，如果你依然覺得一切都沒事的話，就代表我們真的有問題了。

男友：妳又來了。

女友：什麼意思？

男友：妳總是說我們相處的時間不夠，但我覺得已經夠了啊，有時候還太多了。

女友：我知道你的意思了。

男友：很好，那我們就不要再提這件事了，可以嗎？

女友：好，但在結束話題之前，我必須先決定我該怎麼做。（然後是一陣漫長的靜默，女友感受到內心逐漸清晰的情緒）我不想成為一個嘮叨的女人，但我也不想忽視自己的需求。過去這些年來我一直忽視它們。我這麼說你可能還是覺得我在嘮叨，而我猜這就是我覺得難過的原因。

男友：為什麼？

女友：因為我唯一能做的就是改變這段關係的本質……我想我們需要分開一陣子。所以我才會難過。

男友：分開？拜託，妳又要「跟著感覺走」了嗎？

女友：不。這次我會好好體會這感覺，而不是讓它控制我。做這個決定也令我難過，但我真的想要獨處一陣子。

男友：這太荒謬了，妳不是認真的吧。

女友：一點也不荒謬。我很認真也很難過。
男友：所以妳真的要這麼做？
女友：沒錯。我很在乎你，但我必須在我們的感情關係中「感覺對了」，而目前的感覺是不對的。這不是誰對誰錯的問題，只是我們有截然不同的感情需求而已。

女方在復原的過程中發現，爲了這段感情關係而放棄自我，代價實在太高了。而她處理問題的方式顯示她具有基本的信任感（儘管目前很痛苦，最後一定會有好的結果）；她也有自主性（必要的時候，獨自一人也沒有關係）；她也能自動自發（解決問題，做出困難的決定）；而且女方很顯然正走向明確的自我認同（了解自我而非自暴自棄）。當她表達痛苦難過的情緒時，同時展現了一項重要特質，那就是尊嚴。

超越親密關係

身爲復原中的平凡人有些好處，像是不必再堅持完美主義，擁有基本的信任感，就算有時候突然有所懷疑，也不會感到不舒服。

不用做個完美的人實在很快樂，我們可以偶爾抓狂一下而不用責怪自己。想想自我責備是多麼累人的一件事啊。如果可以直接跟自己對話：「嘿，我現在眞的很沮喪，我想知道到底怎麼了。」就這樣。對話結束。沒有罪惡感，不必自責、羞愧或是自我打擊，只要相信總有一天答案會在我們毫無心理準備的時候出現——可能是在幫孩子換尿布或是結算這個月剩下多少錢的時候。

美國諧星史蒂芬．萊特（Steven Wright）曾說過一句很有意思的話，「你無法擁有所有東西。不然你要把它們放在哪裡啊？」這句話既有趣且引人玩味，沒有人能擁有一切！既然如此，我就可以當一個自由的人，世上有超過七十億的人口，而沒有人是完美的！

相同的道理適用於自主性、自發性、勤勉、自我認同和親密感。這些基石必須穩固，但不必完美。如果我們可以跟內心的孩子做朋友；如果我們學習傾聽內在深層的聲音和感受；如果害怕，就承認這份恐懼；如果生氣，就承認這份憤怒；如果我們敞開心胸向有智慧的人學習，就能得到命中注定要追尋的事物。

如果到親密關係這階段的基石都相對穩固的話，艾瑞克森認爲我們下一個階段會面對的挑戰是：

生產創造 VS 停滯頹廢

在二十幾歲到三十幾歲之間，或是年紀更長時（視我們何時從功能不良的狀態復原而定），我們會經歷一段自我對抗他人的危機時期。內心有一個部分非常專注於自己，以至於將他人完全排除在外；而另一個部分的自己則想要回饋別人，因爲自己得到了這麼多。但難題是，如果我們沒有在一開始就累積足夠的能量（比如我們是尚未接受心理諮商治療的小大人；小時候曾被家暴虐待，至今尚未面對事實和處理傷口；或是好像已經康復，卻仍然說一套做一套），那仍舊無力付出。

生產繁衍的本能會引導我們生兒育女，但身爲小大人的我們會無意識地虐待孩子，如同當初自己被虐的情節一般。生產創造的本性還會指引我們去創造偉大的成就，但我們往往會太過投入，做出自討苦吃的傻事，落得適得其反的下場。

許多人藉由十二步驟的最後一項：協助他人接受療程，來逃避自己的心理問題。沒錯，幫助別人也可以是逃避自身痛苦的一種方式。

艾瑞克森提出一個簡單的智慧：除非兒童時期的需求獲得滿足，否則我們無法完全準備好去回饋。對心理治療師而言，這句話驗證了一個事實：我們只能夠幫助處境比我們悲慘的人。當我們在自我認同、親密關係、以及任何早期階段的任務沒有達成時，若一股腦兒的專注於生產上，就會容易把事情弄得混亂、甚至搞砸。

我們能提供的最好建議就是：**在回饋別人之前，最好先把自己情感空乏的杯子裝滿。**

自我實現 VS 悲觀絕望

在人生中的每一個階段，我們都會回首過去，像是第一次離家、經歷三十危機、中年危機等等。這些都是在老年遲暮前的前置準備工作，到那個時候，我們會檢視一生，試圖拼湊出人生的意義。若我們在回顧一生後，能夠得到圓滿且寧靜的感受，那在面對死亡時就會有安全感，沒有恐懼，知道自己過了一個充實、豐富且有意義的人生。

檢視人生的整個過程中，有一部分在於回顧錯誤和遺憾，處理它們帶來的傷痛和損失，還有跟親愛的人處理一些未了結的情緒。我們或許需要跟某人道歉，或是需要跟某人說他們過去的作爲令我們生氣，一直無法放下。或者，我們只是需要告訴某些人我們愛他們，衷心感謝他們的付出。

當我們勇於冒險、細細體會上述人生的各個階段，就不會覺得老年和死亡是那麼糟糕可怕的事。相反的，它會是個充滿智慧、令人感到圓滿的階段。如同柏拉圖於西元前三百七十年在《理想國》（*The Republic*）裡寫下的一段話：「伴隨老年而來的是極大的平靜和自由。當一切激情褪去，你便逃離了許多情緒的奴役與掌控。」

若我們不願冒任何風險，感受內在眞正的感覺，活出眞實自我時，到了老年或許會非常不幸。

我們常常想到一個精神疾病的案例，案主是個女子，花了一生照顧她那罹患憂鬱症、多疑、控制欲強的母親。家中另外兩個手足長大後就離家出走，而她年紀最小，一直受到母親的掌控。當母親以九十五歲高齡過世時，她也已經七十歲，精神崩潰、不停拉扯頭髮、割傷手腕，還不斷地撞牆自殘，因爲她既絕望又憤怒，自己竟然將一生的時光都奉獻給母親，但母親早應該在她年輕時就讓她自由。

我們想到一個父母最近才過世的朋友。他的父母都曾經藥物上癮，直到年老時才因爲健康考量而戒除。在整整五十一年的婚姻當中，雙方不斷地發生嚴重的衝突爭執，直到最後十到十五年才趨於平靜。他母親在人生最後一年才獲得心靈的平靜，因爲受到了十二步驟治療團體的鼓勵。朋友在告別式上娓娓道出以下追憶：

「媽媽，妳的人生交織著歡樂和哀痛，對於妳經歷的歡樂，我爲妳感到高興。而那些痛苦悲傷，我雖然現在還感到難過，但它會漸漸逝去。悲傷給人療癒的空間，而我了解人生中面臨的失去，都是讓我們更有智慧的珍貴機會。過去這一年，妳的生命充滿了平靜祥和，這將是我永生難忘的回憶……我想要謝謝妳這一年當中展現的堅毅尊嚴，自己一個人生活，獨自面對死亡，堅持在家中迎接人生的終點。妳在那晚安詳地離開人世，希望有一天我也能跟妳一樣平靜地離去……」

在此，我們想要引用狄更斯的一段話作爲本章的結語：

時間並不完全是殘酷的。雖然他從不等待任何人，但常常溫柔地輕撫那些善用他的人。

——狄更斯（Charles Dickens），一八四一年，《巴納比・拉奇》（*Barnaby Rudge*）

間奏15

兔妹妹

很久很久以前，兔妹妹誕生於一片美麗森林旁的小洞穴裡。她的爸爸媽媽辛勤地撫養她，使她健康強壯地長大。

有一天傍晚，兔妹妹的父母覓食結束正要回洞穴時，突然有一隻狐狸從大樹後面跳了出來，抓住兔媽媽並把她吃掉了。兔爸爸竭盡所能地狂奔回家，告訴兔妹妹這不幸的經歷。他們都非常難過害怕，好幾天都不敢離開洞穴一步。

但他們還是需要吃東西，於是兔爸爸離開洞穴外出覓食。他極度小心謹慎，也很緊張。當他在離洞穴不到幾步的地方細細地咀嚼青草綠葉時，狡猾的狐狸又出現，當場抓住他，將他吃下肚。兔妹妹在洞穴裡不停地發抖，因爲她知道外面發生了什麼事。她盡量壓低身體躲在洞穴最深處，哭著睡去。

隔天一早，兔妹妹餓著肚子醒來。她很怕離開洞穴會有危險，不敢出去覓食。忽然從遠方傳來兩個小孩子的聲音，正經過森林往回家的路上前進。她趕緊往上爬，將鼻子探出洞口聞聞外面的新鮮空氣。狐狸似乎不在附近，於是她再往上爬一點，偷偷地往外看，想找出聲音是從哪裡來的。那兩個孩子正好往洞穴走來。也不知道什麼原因，兔妹妹並不覺得害怕。他們看起來是如此溫和快樂。

他們走近了一點，瞥見在洞口偷看的兔妹妹，他們於是再走近一些，坐在一旁草地上等兔妹妹出來。最後兔妹妹出來了。

「嗨，妳好嗎，兔妹妹？」他們問她。

「不太好……」兔妹妹回答。「我的父母都被一隻非常邪惡的狐狸吃掉了，現在只剩下我獨自在洞穴裡。我很害怕出來覓食會有危險，但若不快點吃東西的話，我會餓死。」

「這樣的話，妳何不來跟我們一起住呢？妳可以住在我們家，我們會餵妳，保護妳不受任何傷害。」

兔妹妹好高興啊，她相信這兩個孩子，馬上就答應要跟他們住在一起。她跳入其中一個孩子的懷裡，跟著他們回家。他們非常照顧兔妹妹，一起生活了好幾年。

有一天，兔妹妹決定回到以前居住的森林裡找東西吃，在林間巧遇了三隻兔子。他們覺得兔妹妹很漂亮，很興奮地自我介紹一番。

「哈囉，小兔妹妹。」第一隻兔子說。

「嗨，妳眞是一隻美麗的小兔子。」第二隻兔子說。

「妳想要跟我們一起散步嗎？」第三隻兔子問。

兔妹妹突然覺得很困惑，**「我才不是兔子呢！」**她大聲地說。

那三隻兔子先是一陣驚訝，又咯咯大笑起來。

「如果妳不是兔子的話，那妳是什麼呢？」其中一隻兔子問。

「我是人類！」兔妹妹生氣地回答。

「人類！」第二隻兔子大笑。他們三個全部躺在草地上歇斯底里地笑成一團。

「人類會有長耳朵，皮膚毛茸茸嗎？」第三隻兔子問。

「有些人有啊，」她哭著說。「我有看過！」淚水順著她的臉頰滑了下來。「我不是兔子！」她再次大叫。這次他們才知道她是認眞的。他們問兔妹妹住在哪裡，平時怎麼覓食，她才說自己跟人類住在離森林不遠的房子裡。在他們想要了解更多之前，兔妹妹已經一蹬一蹬地跳回家了。

當天晚上兔妹妹跟兩個小朋友述說稍早發生的事，但孩子們不忍心告訴她那三隻兔子說的其實沒錯。因此，兔妹妹依然確信自己是人類，帶著滿足和安全感進入夢鄉。

隔天她又回到森林中，儘管有些懷疑不安。她在森林裡待了好一段時間，默默期待能夠再遇到那三隻兔子，畢竟他們稱讚她漂亮。雖然他們也曾經無禮地取笑她，但還是對她挺親切的。可惜到處都找不到他們的蹤跡。兔妹妹細細地嚼著嫩草，在潺潺溪畔喝了些水，然後準備回家。

她跳了幾步後停了下來，心跳突然加快，背脊一陣發涼。她的呼吸變得急促，一動也不動地站著，不敢發出一點聲音。兔妹妹嗅到不祥的預兆。「是狐狸！不要啊！」她從來沒有親眼看過狐狸，根本不知道他是什麼東西，長什麼樣子。「我怎麼會知道是狐狸呢？」她問自己。可怕的事要發生了，她瞥見了狐狸，埋伏在不到十五公尺的灌木叢後，準備一躍而上吃掉她。她嚇壞了，一時之間動彈不得。

就在狐狸撲向她的那一刻，她眼角餘光瞥見一旁有東西在動——是那三隻兔子！他們身穿奇怪的服裝，手裡握著鋒利的彎刀，刀鋒露出銳利的光芒。

此刻，一棵樹的後方跳出第四隻兔子，大叫道：「嘿，接住！好好保護自己！」他將一只彎刀拋向兔妹妹，兔妹妹敏捷地接住，絲毫沒有猶豫，轉身面對狐狸。

狐狸縱身一躍，張開他的血盆大口，滴著口水，露出獠牙。兔妹妹的心跳加速，腦中閃過父母死去的畫面，腎上腺素急速飆高。狐狸越過上空了！她快速地往旁邊一閃，讓狐狸撲了個空。隨後她使盡全身的力氣，拿著彎刀開始反擊。唰！唰！彎刀在空中來回切劃，咻！咻！刀尖刺傷了狐狸，但還不足以置他於死地。狐狸一時之間搞不清楚發生了什麼事，害怕地夾著尾巴逃進樹林。

「好耶！爲兔子歡呼！太棒了！」他們興奮地喝采。兔妹妹眼眶中充滿淚水，那是從恐懼中解脫的淚水。「沒錯，我是一隻兔子。」她開心地哭了。

「萬歲！萬歲！萬歲！」其他兔子也一起歡呼。當她轉過頭謝謝他們時，赫然發現有四十隻兔子從樹林後方跑出來圍繞著她。然後，第四十一隻兔子出現了，他的打扮特別講究，跟其他兔子不一樣。

「你是誰？」兔妹妹問。

第四十一隻兔子回答：「我是阿里巴巴，而其他四十位是兔子大盜。」

「兔子大盜？」

「其實也不算是大盜。我們搶的對象是有挑過的。我們幫助森林裡的動物保護自己，不被掠食者傷害。狼和狐狸稱我們爲兔子大盜，所以這個名號就一直跟著我們了。」

「原來是這樣啊。」勇敢的兔妹妹說。「謝謝你幫助我救了自己一命。但我更要感謝這件事的發生，這讓我認清自己是一隻兔子的事實，我以身爲兔子爲榮！」

「爲勇敢的兔妹妹歡呼！太棒了！呀呼！」阿里巴巴和四十隻兔子大盜齊聲喝采。

「嗯，我也要爲自己歡呼！」兔妹妹心想。「我眞是太棒了！」

Part. 4

冰山之下

「任何隱藏的事總會被張揚出來；任何掩蓋的事也會被揭露出來。」

——〈馬可福音〉4:22

16 小大人與共依存症狀的共同模型

一開始，共依存是指藥物上癮者的配偶或愛人，或是重要他人。在這個詞演化過程的開端，這樣的定義是簡單易懂的。不論你本身有無上癮症狀，如果你的另一半有上癮的問題，那你就是共依存者。

然而，「共依存」的定義從早期單純的時代漸漸開始轉變，有了新的生命和身分。現今許多學者認爲共依存症狀是個特定的診斷術語，代表一套特定的情緒和行爲症狀。

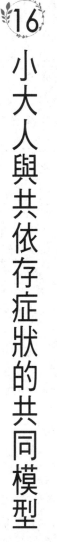

共依存症狀

在列舉共依存症狀時，我們最常注意到的特徵有：過於照顧他人；過度負責任卻無法適當照顧自己；無法確認、表達自己的感受；態度從「人太好」到脾氣暴躁，或在兩個極端之間擺盪；過於重視他人而輕忽自己；人格發展問題；處於有虐待性或是令人困擾不安的關係中。

身處共依存關係中，我們不相信自己還有其他的選擇，所以會產生身陷泥沼、動彈不得的痛苦感受。伴隨共依存症狀而來的還有很多強迫症的行爲。我們常用以下方式形容在共依存關係中的感受：「我們不知道是怎麼開始的，也不知道該如何結束。」

我們提出了一個共依存症狀的模型，對臨床研究很有幫助，也廣受心理諮商同業和案主的認同：

共依存症狀是由我們的原生家庭及文化所產生的一種功能不良的生活型態，它抑制自我的人格發展，並造成我們對外在事物過度反應，卻對內在情緒反應不足。若未經治療，可能會惡化成上癮疾患。

一個人是否爲共依存者，可從下列徵兆判斷：沮喪憂鬱、不適當行爲的容忍度、遲鈍麻木或是不適當的佯裝作態、自怨自艾的處世態度、控制自己和他人的強烈欲望、壓力相關的生理症狀、自我忽視、無法有親密的感情關係或性關係、害怕被遺棄、感到羞恥、不正常的罪惡感、上癮疾患，以及憤怒等等。跟第三章列出的小大人症狀相同。

共依存從何而來？

當我們說共依存是**來自於我們的原生家庭**，意思是我們並不認爲一個人只是因爲跟有上癮問題的人在一起就變成共依存者。相反的，他們之所以會跟上癮者在一起，正是因爲他們**是共依存者**。有案主說：「可是我結婚的時候並不知道對方有上癮的問題啊！」但在療程中自我探索後才發現，他們確實選擇了符合原生家庭規範的另一半。換言之，物以類聚，人們總是選擇跟自己相似的人。

此外，文化當中有很多要素會促使我們發展共依存的行爲模式，並持續用這種模式生活。這些要素可能包含僵化的、教條式、權威性的宗教信仰詮釋，導致人們相信如果先顧慮自己的需求，沒有將別人的需求放在第一順位的話，就是一件不好的事。

其他的文化影響因素來自於學校教育。我們總是期望孩子乖乖聽話，遵守規則，以至於孩子們越來越相像，失去自己的個性和探索人生的能力。美國文化強調運用科技來「解決」和「修理」一切，則有強化共依存的效果，因爲它使我們與自己、與身邊的人越來越疏離，也加深了我們害怕被遺棄的恐懼心理。

我們對共依存的定義基礎在於**抑制自我的人格發展**這個觀念，它建立於艾瑞克．艾瑞克森的理論上，有明顯共依存症狀的人，在成人的面具之下其實還困在青春期之前的人格認同形成階段。

對外在事物過度反應則是共依存的上癮問題和自我否認的原因。我們可以幫助別人渡過難關；我們可以變成工作狂而且超級負責任；我們可以把所有注意力都放在酗酒的配偶或是有毒癮的朋友帶給我們的負面傷害上；我們可以不停地將自己悲慘的人生怪罪在別人身上，因為這些都是逃避痛苦的方法，而它也觸及了定義中的下一句，對內在情緒反應不足。我們極力逃避的正是我們的情緒、感覺、痛苦、歡樂、希望還有夢想，而這內在的一切其實就代表自己。所以共依存是一種危險的自我否定。

共依存和成癮的共同模型

圖16.1是「冰山模型」。此模型借用動力心理學的觀念，外顯的現象如上癮疾患、憂鬱症和壓力失調等等必與內在深層的罪惡感、羞愧感和害怕被遺棄的恐懼心理有著緊密

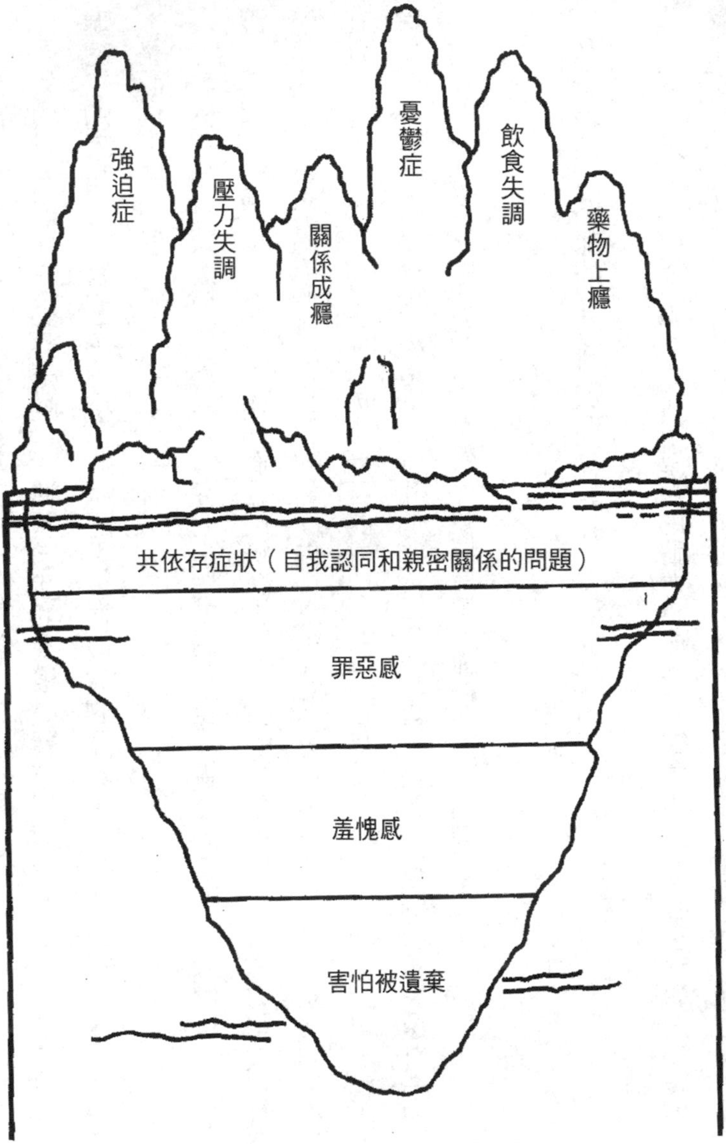

圖16.1　共依存和成癮的共同模型

的連結，這些負面感受來自於原生家庭。當我們周旋於表面外顯症狀和深層的眞實感受之中，這就是「共依存」的狀態。

因此，當我們在初期的療程中開始戒除酗酒、性上癮或飲食失調、偏頭痛或其他症狀時，共依存這個問題還沒有解決。若不想讓舊疾復發，就必須治癒共依存的問題。這個模型可以充分解釋各種上癮症狀的形式，還有成癮者在過程當中可能經歷的各種角色，包括「加害者」、「受害者」和「拯救者」。也就是說，有些人在關係當中扮演受害者的角色，有些人扮演加害者或是拯救者，但內心深處他們其實都是共依存者。

共依存的根源

考慮到生物學和遺傳基因研究對於成癮問題的探討，我們不否認有些酗酒成癮、憂鬱症或肥胖症是基因導致的。然而，一個先天遺傳基因有酗酒傾向的人，若在原生家庭的影響下有深度的共依存傾向，未來更有可能眞的成爲酗酒者。相同的道理，若上癮者內在共依存的症狀沒有治療的話，戒酒的目標將會更難達成。

深入圖16.1的冰山下層，我們可以看到共依存的根源來自罪惡感、羞愧感和害怕被遺棄（無法信任別人）的恐懼心理，這也與社會心理危機中的認同延緩、閉鎖認同、認同混淆相符合。

罪惡感解釋了我們爲何無法自己做決定，掙脫「卡住」的人生，並考慮自己的需求。正是這罪惡感驅使我們一直保護著原生家庭，而無法從最基本的層面保護好自己。

羞愧感則代表我們沒有辦法與人分離，獨立生存，享受一個人的生活，與他人相互依靠以及喜歡自己。它代表我們那被破壞、充滿缺陷的感受——我們本身就是個錯誤。害怕被遺棄的恐懼心理則非常接近我們的生命核心。若我們是共依存者，就代表在內心深處無意識的狀態下，我們深信自己沒有存在的權利和價值。這是因爲我們在童年時期曾反覆不斷地遭到遺棄或忽視，直到我們的信任感被消磨殆盡，無法再相信任何人。

共依存是很普遍的現象嗎？

根據上述的定義，是不是每個人都可能是共依存者呢？是不是幾乎所有人的童年都可能有一些功能失調的經歷，導致日後產生共依存的症狀呢？如果「是」的話，「共依存」一詞豈不是喪失了它的概念和診斷意義了嗎？我們不這麼認爲，就如同「憂鬱症」一詞不會因爲每個人偶爾有沮喪的現象就失去它的意義。美國精神醫學協會的《精神疾病診斷與統計手冊》當中總會列出症狀的描述，但也要求我們在下診斷前檢視症狀的嚴重程度和歷時長短，以及徵兆的數量多寡。共依存的判斷也是如此，只因爲每個人都有一些共依存的行爲，並不代表這個概念就是無用的。

「共依存」的概念受到一個主要的批評，就是它有歧視女性的感覺，因爲我們的文化本來就鼓勵女性在日常生活中表現出共依存的行爲。然而，我們相信共依存的定義和模型並不會落入這個陷阱中，因爲我們相信這跟性別的偏見無關，它其實是指過於關注他人或過於忽視他人都是不健康的。它讓男性和女性擁有獨立的身分認同。就像精神醫學領域中的心理雙性化模型提出的，最健康的人是那些能夠兼具男性與女性特質，並且會適時適所發揮的人。它也表示，不論男女，有受害者心態的舉止都是不健康的，而加害者和拯救者也是一樣的。因此，我們的共依存定義避免我們落入危險的二分法陷阱，也不會誤導大家世上只有「有虐待暴力上癮傾向的男性加害者娶了過度負責任的聖人兼拯救者兼共依存傾向的女性受害者」這種刻板印象。

換言之，我們看到受虐和被忽視的童年會造成共依存的結果，而有些人只好藉由酗酒或嗑藥來舒緩共依存帶來的痛苦；其他人則可能成爲工作狂，有潔癖的強迫症患者；也有可能會過度溺愛或控制自己的小孩，或是電視上癮，感情關係成癮等等。有的人會控制別人，有的人則是被控制，而大多數的人會在兩個狀態下不斷循環。

治療的結果影響

我們的理論模型對治療方式也有明顯的影響力。我們大致上認為一開始必須從外顯的上癮問題著手治療，因為成癮會阻礙我們感受內在眞正的感覺，也阻礙我們承認深層的共依存問題。

假如是關係成癮的問題，那我們就必須暫停這段關係，如同毒品上癮的患者必須停止嗑藥一樣。所以，治療的首要目標應該從明顯的表面症狀開始著手。

復原過程的下一個階段則是確認潛在的共依存問題，這是針對自我認同和人格形塑的關鍵議題，當事人必須對自己、對過去、對原生家庭做深度的探討，面對並處理那些罪惡感、羞愧感和害怕被遺棄的情緒。這是一段內在心靈探索，也是一項家庭系統任務，而它無法在短短三十天的共依存療程中迅速解決痊癒。但它可以從這類的療程開始，並由十二步驟支持治療團體從旁協助，例如匿名戒酒會、鋁阿農戒酒家族團體、酗酒家庭小大人匿名會，或是匿名共依存會。個人的心理治療也是需要的，還有密集的團體治療療程以協助降低羞愧感。

就復原而言，若想了解自己復原的進度，一個不錯的判斷標準就是我們何時停止詢問：「還要多久我才能脫離現況，不再這麼痛苦？」我們越少問這個問題，就越接近痊癒的目標。因爲一個健康正常的人生本來就有痛苦和歡樂、悲傷和憤怒、困惑和幸福、孤單和溫暖……等等情緒感受。完全痊癒代表我們能夠觸及內心那個受傷的孩子，而他可以開始由內而外慢慢地療癒、康復。這個過程可能要花費數年，但每分每秒都值得。

評估共依存狀態

爲了幫助大家辨識到目前爲止討論過的小大人和共依存症狀，我們設計了一個評量表，在過去幾年的研究和臨床工作中持續使用，也發現這是幫助人們開始認識自身問題的好工具。

小大人與共依存症狀評量表乃建立於社會心理發展架構的基礎上，並包含許多構成共依存的核心症狀。若你決定回答評量表的問題，提醒你：1.把心中想要否認的欲望暫時放在一旁，誠實回答所有問題。2.獨自完成評量表，不必擔心之後可能要跟別人分享結果。只有你自己有必要知道結果。你必須專注在自己身上，這是非常重要的。不要去煩惱之後會不會有人因此「發現你的眞面目」或是羞辱你。

計分的方式如下：偶數題的回答為「是」的得一分；奇數題的回答為「否」的得一分。總分為六十分。得分介於十分到二十分的人，表現出輕微的共依存／小大人症狀；介於二十一分到三十分的人為輕微至中等；介於三十一分到四十五分的人為中等至略嚴重，而超過四十五分則屬於嚴重程度。除了計算分數之外，我們強烈建議你利用這個評量表做為自我探索的工具。若你覺得有些問題困擾著你，妨礙到你的幸福和健康，在接下來的章節中，我們也會討論如何安排專業的心理治療諮商師與你做一對一的評估。

小大人與共依存症狀評量表

以下的問題是關於你對自己本身，對你的生活和對周遭人、事、物的感覺。當你逐一回答問題時，請務必誠實以對，但不必在每個問題上停留太久。這裡的回答不分對錯，只要依照你平時的感受自然地回答每個問題即可。

1. 我每個禮拜都保有足夠的時間做自己想做的事。
2. 每次跟別人互動後，我都會花很多時間自我檢討或批評自己的表現。

3. 就算別人知道我的一些事情，我也不會因此難為情或感到羞愧。
4. 有時候我覺得我只是在浪費時間，什麼也沒做成。
5. 我還滿會照顧自己的。
6. 若有人令你感到不舒服，最好不要告訴他們；說了只會造成爭端，讓每個人不開心。
7. 我對於成長過程中家裡的溝通方式感到滿意。
8. 有時候我不知道自己真正的感受。
9. 我對於目前的感情和親密關係非常滿意。
10. 我最近覺得很疲憊。
11. 在成長的過程中，我的家庭常常公開地討論問題。
12. 難過或生氣時，我常常還是一臉快樂的樣子。
13. 回頭看我與別人的關係，我覺得這些經驗都還不錯。
14. 就算有時間和金錢，我還是不敢自己一人旅遊。
15. 我處理日常事務時都能獲得充足的協助。
16. 我希望自己可以比現在更有成就。
17. 在成長的過程中，我的家庭教我勇於表達情緒和感受。

18. 我很難跟權威人士溝通（老闆、老師等等）。
19. 如果我處在一個複雜不明的關係中，我可以立刻脫離它。
20. 有時候我對於自己是誰、未來要做什麼感到滿困惑的。
21. 我對於自己照顧自己需求的方式感到滿意。
22. 我不滿意我的職業。
23. 我通常都能很冷靜且坦率地處理自己的問題。
24. 我大部分的時候都會壓抑真正的感受，因為我不希望傷害別人，或是讓別人以為我有哪裡不好。
25. 我很少覺得人生停滯不前。
26. 我不太滿意我的友誼關係。
27. 當有人傷害了我，或是做出我不喜歡的事情，我可以很直接地跟他們說。
28. 當好朋友或是親戚找我幫忙，儘管有時候不是很情願，我還是會答應他們。
29. 我喜歡面對問題和挑戰，也很擅長找到解決方法。
30. 我不喜歡我的童年時光。
31. 我不會常常擔心自己的健康狀況。

32. 我常常覺得沒有人真正了解我。
33. 我大部分的時候感到平靜祥和。
34. 我發現主動爭取自己想要的東西是很困難的事。
35. 我不會讓別人利用我，占我便宜。
36. 我對於身邊至少一個親密關係感到不滿。
37. 做重大決定對我來說不會很困難。
38. 我無法百分之百信任自己能夠應付陌生的情境。
39. 我很善於察言觀色，知道何時應該大聲說出自己的想法，何時應該順著他人。
40. 我希望我有多一點自由，遠離我的工作。
41. 我想要的時候，就能很隨興。
42. 獨處對我而言是個問題。
43. 當我愛的人讓我不開心時，我可以毫無顧忌地告訴對方。
44. 我手邊總是有好多事情同時進行，以至於無力妥善處理每一件事。
45. 我很願意讓別人融入我的生活，並向他們展現真實的自己。
46. 我太常為自己的言行舉止道歉。

47. 我生別人氣的時候，可以坦率地告訴對方。
48. 事情總是好多，但時間永遠不夠，有時候我真希望可以拋下一切不管。
49. 我對於這一生做過的事沒有什麼遺憾。
50. 我總是為別人著想，太少考慮自己的需要。
51. 我的人生大部分都是依自己想要的方向進行。
52. 大家之所以欣賞我，是因為我總是善體人意，即便他們有時候做出令我困擾的事，我也不會生氣。
53. 我對自己的性別感到自在。
54. 有時候身邊親近的人所做的事會令我感到難為情。
55. 我生命中一些重要人士知道「真正的我」是什麼樣子，而我不會因此難為情。
56. 我總是做好分內的工作，往往還做得更多。
57. 我不覺得少了我的努力，一切就會分崩離析。
58. 我常常為別人付出太多，最後總是納悶為何要這樣。
59. 我對於成長過程中家人處理問題的方式感到滿意。
60. 我希望我有更多可以一起玩樂的朋友。

Part. 5

療癒：我現在該怎麼做？

孟子曰：「大人者，不失其赤子之心者也。」

——《孟子．離婁下》，戰國時代（約西元前三百年）

17 揭露和承認

功能不良的關鍵症狀之一，就是無法以健康的方式使用新知識、新技術。若要成功療癒小大人症狀，我們一定要踏出第一步，那就是揭露和承認。

揭露和承認

身為人類，**揭露和承認**是最需要誠實面對的，同時也最能幫助自我成長。除了誠實和勇氣，**揭露和承認**還需要明確的目的、澄明的心智、對自己與他人的信任，相信這個世界是能安居樂業的地方。正因為必須符合這些要素，所以要做到**揭露和承認**絕對不像處理日常生活的小事那樣簡單。實際上，內在心理和外在環境會先產生一連串複雜的互動，才能達到**揭露和承認**這個目標。絕大部分的情況下，我們內在的否定機制會**隨著時**

間以極緩慢且謹慎的步伐崩解，畢竟對當初建構它的我們來說，這個否認機制是非常有道理的。否定機制乃建立於邏輯與理性之上，若失去它，我們心理上會遇到很多問題與困擾。但是當立意良好的否定機制開始阻撓我們過正常生活時，眞正的問題就浮現了。

舉例來說，如果生長在一個酗酒家庭，因爲周遭環境帶來的情緒實在太痛苦了，你可能會無意識地否定內心的眞實感受，並將它當做自我保護的方法。身爲一個混亂瘋狂家庭中的無助幼童，否定自身感覺就變成你求生的唯一手段。

後來當你長大成人，試著組織自己的家庭，或者想要自由自在的快樂生活，問題就出現了。當初你花費多年建立和修正的否定機制開始影響自己。你可能會在瘋狂的感情關係中周旋，一個接一個；你可能發現身旁盡是對你予取予求的朋友，卻沒有任何人可以讓你依靠；或是當他們願意成爲你的依靠時，情況卻更加混亂。

然後，你結了婚，有了小孩，心想只要結婚生子一切就「對」了，絕對不會用父母對待自己的方式教養小孩。但是你卻發現自己做出與父母同樣瘋狂的事——對小孩大吼大叫，只因爲他們像一般孩子一樣玩耍哭鬧；嚴厲苛責孩子，要求完美表現，就像當年父母管教自己一樣——然後獨自納悶，不解自己爲何會對孩子做出曾經發誓絕對不做的事情。

遲早你會開始覺得憂鬱沮喪、疲憊不堪、擔心焦慮，甚至絕望無助，但依然沒有頭緒。這樣的過程及結果，其實是你在成長過程中，爲了保護自己不受酗酒家庭的傷害，長期建立起來的否認機制造成的。多年來爲了生存而在無意識中建立的否定心理，是不可能在一夜之間突然頓悟就立刻崩解的，也不會有天使與樂隊的歡呼聲爲你慶祝。往往是在多年的內心交戰後，才可能會有那種「第一次的突破」所帶來的歡欣鼓舞感受。

有些比較幸運的人已經開始尋求協助，那麼接下來的內容對你們可能並不陌生。還沒有尋求協助的人，我們誠心希望你能由此獲得一些有用的訊息。或許給自己一個機會，花些時間和自己對話，想一想自己的人生，而不是每天被工作和生活瑣事追著跑。

1. **第一步**：從忙碌的生活中退一步，用充足的時間把自己當成旁觀者，檢視你自己。**如果你發現你沒有任何獨處的時間**來做這件事，那你很有可能已經有小大人或是共依存的問題。

從生活中退一步，在心裡爲它彩繪一番，感受這幅畫。這是一個美好的人生嗎？它令人感到完整嗎？有成就感嗎？溫暖人心嗎？跟你想像的一樣嗎？它帶來正面的挑戰，還是痛苦的壓力？無聊乏味嗎？還是太過刺激，讓你無所適從？悶到令人窒息？

或是讓你恐懼？誰在你的生命中？你有足夠的朋友嗎？還是太多朋友了？他們是你眞正希望生命中擁有的人嗎？畢竟，這是你的人生，不是別人的。你喜歡他們嗎？他們喜歡你嗎？記住，你是爲了自己而檢視自我，不是爲了任何人；也請謹記，我們的感覺其實就等同於自我認知。

2. **第二步**：開始跟別人談論自己。你可以跟配偶或是好友聊聊，聽取他們的意見，看看你對事情的想法與他人有何異同。我們不必跟別人想法一致，但不論我們是孤獨一人，或是被一群朋友簇擁著，情感的隔絕往往是小大人痛苦生活型態的一個主要症狀。

你的另一半覺得你是工作狂嗎？如果是的話，你的老闆也這麼認爲嗎？你的朋友們怎麼說？除了另一半，你還有其他人可以討論「私人問題」嗎？如果答案是否定的，那幾乎百分之百可以確定你的生活型態有問題。還記得小大人和共依存的症狀源自羞愧感，和害怕自己眞實的一面被「發現」嗎？心態健全的人身邊總是有值得信賴的人可以吐露心事祕密。

3. **第三步**：主動取得資訊。一開始你可能只會找一些書來看，就像你正在讀的這一本。之後你或許會參加社區鄰近的小大人、共依存或上癮相關的研討會、工作坊，這是一個較安全的方式，讓你試試水溫，不用揭露太多內心世界；或是從網路上看到知名治療中心刊載專題，討論藥物依賴、暴飲暴食、性上癮和憂鬱症相關的問題，並主動做自我評量測驗。如果你懷疑自己有上癮問題，請回到第四章並仔細問自己符合哪些特徵。通常只要符合兩到三個症狀，就表示你需要尋求心理治療的專業評估。

4. **第四步**：你必須從過去和現在的生活型態中做出抉擇，但這個決定很難當下立斷。你可能今天承認自己是小大人，明天又否認。我們看過很多人在完成上癮勒戒和共依存的治療幾個月後，又回到自我否定的狀態。這就是爲什麼匿名戒酒會主張「一天一天慢慢來」，因爲復原是一個緩慢的過程，而重點之一就是每天誠實地面對自己是小大人的事實。

請記住**揭露和承認**本身也是一個過程。人們很容易在療程一開始突然「好轉」，快速地卸下心防，因爲再也承受不了痛苦而承認「對，我就是個酒鬼」或是「沒錯，我來自一個功能不良的家庭。」有了這份認知，就會出現一些正面積極的行動。但是復原必須是每天進行的任務，而我們的過去和家庭的影響力依然非常強烈。若身爲酗酒者、性上癮著、暴食者或是憂鬱症患者等等，不論內在或外在都會有一股巨大的壓力，迫使自己回到以往的生活型態。

當我們住院進行戒酒治療時，不碰酒精是件簡單的事，但能夠在離開治療中心後還是不喝，也是復原的過程之一。當我們展開新的生活型態，不斷「測試新系統的極限」也是復原過程的重要部分。

「我其實不是眞的酗酒者，」我們這麼對自己說。「我從戒酒療程中學到很多，它也幫助我看清自己的生活和家庭功能失調的問題，但我眞的不是酒鬼，我只是因爲壓力太大才喝酒。」我們看過某些案例眞的是如此沒錯，但絕大多數的狀況下，這只是自我否認的保護機制再度運作。通常這現象會在我們「中斷復原療程」時發生；我們因爲「太忙」所以不再參加團體治療聚會；或者我們不再每天花時間「檢視自己的情緒和感覺」；或是我們又落入了另一段成癮關係，導致功能不良的情況再次上演。然後，不出幾天或幾個禮拜，我們又回到孤獨、絕望、上癮、憂鬱、負面思考和充滿羞愧的狀態，也就回到當初必須接受治療的原點。

我們始終相信，若仔細傾聽內在的聲音，生命會告訴我們需要知道的一切。不論我們在這個世上需要什麼，若能敞開心胸接納一切，最終就能得到所需的一切。所以，儘管又回到了自我否認階段，並失去所有重要的事物（配偶、家人、朋友、工作、價值觀、人生的意義），我們還是有機會再次獲得他們，即使是以不同的形式。**只要肯踏出第一步，就能得到協助。**

18 著手治療

傑克的復原過程

傑克成長於一個中產階級家庭裡，是三個孩子中的老大。他取得大學的企管學系學位後，在當地一家製造公司上班。三年後，與貝蒨結婚，共組家庭。

結婚七年後，傑克開始覺得生活乏味。有一天同事邀他去慢跑，他欣然同意，希望這個運動可以讓他不再消沉。結果成功了。不出幾個月，傑克就可以每天跑二十幾公里，第一年底，他就去參加馬拉松路跑。他的工作效率大幅提升，也找回了生活的熱情和動力。外人都覺得他精力充沛、活力四射、幹勁十足、大方又有魅力。

在這同時，家裡的情形卻開始惡化。貝蒨和傑克日漸疏遠，她開始抱怨老公太少在家陪她和孩子，只會跑馬拉松。他們會大吵幾個小時，接下來好幾天都不說話。

孩子們意識到家裡緊張的氛圍，當父母冷戰時，他們會小心翼翼，不惹事生非。傑克和貝蒨已經完全沒有性生活，在他豐富刺激的生活底下，其實是內在深度的自我麻痺。光是坐下來和家人共進晚餐就讓他想要逃離現場，逃離他的生活。他覺得吃飯時的閒話家常實在無聊，家人互相分享生活瑣事令他抓狂。他完全喪失對孩子和妻子的興趣。

這種生活大概持續了兩年後，傑克開始賭博。起初他只是買幾張彩券，但那股興奮感使他著迷不已。漸漸地，他開始一年內多次往返大型賭場，輸掉大筆的錢。最後他更是開始炒作股票，想要大撈一筆。

一開始貝蒨還覺得滿有趣的，因爲她不敢自己一個人做這些事。她甚至自己買了一些彩券，但這新鮮感並沒有維持太久。她開始失眠，擔心哪一天會輸掉很多錢，甚至破產。她也感到非常孤獨，就算傑克待在家裡沒有出去賭博也一樣，因爲他的心思都被賭博占據了。這對貝蒨而言眞是一場惡夢，但她最後麻痺了；傑克也麻痺了，只是毫無意識，生命只剩下工作、跑步和賭博，這三個癮頭緊緊地束縛著他，他完全與家庭、朋友疏離，也和自己疏離了。傑克的復原之路並不容易。貝蒨最後終於尋求心理諮商的協助，諮商師建議她加入酗酒家庭小大人匿名會，因爲她的父親就是一位酗酒者。諮商師也建議傑克住院治療賭博成癮的問題，但被他拒絕。

「這沒什麼大不了的。」他說，「我自己就可以解決問題。」

但是貝蒨並沒有退讓，她告訴傑克，如果他不接受任何團體治療或心理諮商的話，就得搬出去。

傑克只好非常不甘願地去找一位可以順他意思的心理諮商師。前兩位都建議他接受正式的住院治療，而第三位諮商師則建議他參加男子治療團體，說他或許不是賭博上癮問題。最後他決定加入團體治療。

參與治療團體經過了好幾個月，傑克的情況還是沒有顯著改變，但是貝蒨改變了很多。

在接受四個月的心理治療後，貝蒨參加一個短期密集的小大人與共依存問題療程，並花了很多時間痛苦地回憶自己在原生家庭中成長的經驗，還有曾經受虐和被忽視的問題。經歷這個療程後，她生平第一次對內心深處的孩子有了「生澀」但緊密的連結感。

至少，貝蒨開始對生活有了明確的想法，她再也無法忍受當一個成癮者的妻子。參加短期密集療程兩個月後，她下定決心，主動找傑克談。

「傑克，我很關心你，也因爲我愛你，我再也無法忍受看著你自我毀滅，甚至跟你一起沉淪下去。我已經決定，只要你願意接受賭癮勒戒的住院治療，我會陪在你身邊。否則我實在無法這樣生活下去了。」說完她放聲大哭，那是眞誠、沒有羞愧的淚水。

於是傑克接受了治療，那是他這輩子最痛苦的經驗，因爲它再次觸及童年成長於功能不良家庭的不幸回憶。但他同時覺得煥然一新、生氣勃勃，對生活有了新希望。他了解接受治療只是復原過程的開端，也知道自己這條復原的路可能將持續好一陣子，未必有「完全康復」的一日。他發現每天都是嶄新的一天，而且每一天都要面對復原或是重回成癮迷途的選擇。他也承認自己是工作狂和慢跑狂，等待時機漸漸成熟，心靈也療癒得差不多了的時候，就要好好處理這些問題。傑克在接受治療的第一年有過幾次「凸槌」，因爲他又跑去買了彩券。但他也持續參加勒戒療程後續的聚會，認眞出席匿名戒賭會。他眞的越來越健康了。

傑克接受治療的頭兩年對這對夫妻來說非常辛苦，因爲他們從來沒有眞正的親密，所以必須花很多時間磨合。在接受一陣子的婚姻諮商後，他們學到如何分享彼此的情緒與感受，如何在不傷害對方的情況下化解爭執，並學會如何以非上癮、控制的方式滿足各自的需求。

五年後，傑克和貝蒨的婚姻回到常軌了。他們依然會爭吵，但最終都能化解。有時候也會陷入疏離冷漠，但會在情況惡化前意識到問題並處理它。他們偶爾還是會否定自己眞實的感覺，不過好在有治療團體的支持，他們現在比較容易找回心中那個孩子的聲音。他們也有一同分享困擾煩憂的朋友，可以一起哭、一起笑，而不至於糾纏於彼此的生活中。最後，他們終於可以盡情享受一家人在晚餐時間的閒聊時光了。

復原的過程

接下來我們要提出幾個戒除小大人症狀的基本原則。雖然每個人都有屬於自己的復原時機和方式，但這並不代表我們可以單憑一己之力就完全復原！舉例來說，單憑意志力成功戒酒的人，不算是眞的復原，因爲復原要比滴酒不沾或是停止暴飲暴食來得複雜多了。對許多酗酒者而言，戒酒本身遠比找到一個平衡且健康的生活方式來得容易，但若想要完全復原，就必須面對我們潛在的共依存心理、罪惡感、羞愧感以及害怕被遺棄的問題。眞正的復原與如何避免用另一個上癮因子取代原有的上癮問題有關。要如何停止控制的欲望；如何感受並相信自己的感覺，並以健康的方式滿足我們的需求。眞正的復原是找到歸屬感，理解自己存在的價值，而不是和別人一較高低；認同這個世界是一個安全的地方，而我們可以安然自在地生活著。當你閱讀以下的復原原則時，也請謹記這些要點。

復原需要時間

如此簡單又老套的話，卻很容易遺忘，所以我們必須時常提醒自己。生活順遂的時候，人們很自然會志得意滿；當事情的發展不如預期時，請記住我們還在復原的旅程中，有順境也有逆境。無論我們是不是厭食症患者，生命都會帶來壓力與悲慟；無論我們是不是強迫性暴食者，都無法預期生命的下一步；無論我們是不是小大人，生命都充滿艱難的挑戰。

我們無法單憑一己之力復原

我們曾多次提到，總是想要獨立完成事情的固執心態，正是功能不良生活型態的一個主要症狀，而這也跟源自童年時期的深層羞愧感有關。我們不願他人知道內在眞實的自己，因爲我們害怕他們會因此震驚，會拒絕、遺棄或是加倍取笑我們。這也跟不當的控制慾有關，傲慢自負的態度與道德優越感，是共依存的重要特性。

「她眞是個酒鬼！」我們滔滔不絕地說。「等她戒酒以後，我就可以過正常的日子了。」但這句話背後的意思是：「我比她好多了。」很遺憾的，一旦有「比較」的優越感，也往往表示會有「不如人」的潛在心理，進而導致人際關係和情感的隔閡疏離。

無法獨自復原的原因在於，我們從來沒有與別人分享眞實內在自我的經歷。當然，我們可能有很多朋友，可以與他們聊天訴苦到深夜，但他們是不是跟我們的生活糾纏不清的人呢？還是他們是可以幫助我們從痛苦中學習，作出實質改善的人呢？或是他們只是想知道你的不幸遭遇，從中得到「我過得比你好」的滿足感和優越感？他們是否只是需要「被需要」的感覺呢？還是能夠靜靜地在身旁支持我們，而不是一天到晚出主意來「幫助」我們？

雖然無法獨自復原，但若將寶貴的時間花在同樣尚未復原的人身上，也無法達到復原的目的。

復原之路是痛苦的

正因爲復原的過程充滿挫折與痛苦，所以很多人最後無法達成復原的目標。「先苦後甘」正可以用來形容治療的重要原則，也就是爲得到復原的勝利果實，必先經歷一段艱難的挑戰。回首童年時期受虐、被忽略的記憶既不容易也不有趣，卸下武裝的心防，去感受內在封閉已久的孩子，感受積壓在內心的痛苦更是折磨我們。用手術刀切除發炎的部分比發炎本身還要痛苦難受，但這往往是完全治癒的唯一方式。我們並不鼓勵大家過著充滿折磨痛苦的生活，但是復原之路帶來的痛苦是必要之惡，而當復原到來，痛苦終會逐漸退散。

復原表示我們的感受、行為和信念有所改變

「自己想辦法」是不夠的，「摸索脫困的方法」是不夠的，「採取行動找出方法」也不代表復原。很多人會自行閱讀書籍，思考復原的方法，而往往在這裡就卡住了；其他人則擅於表達某方面的情緒感覺，但也是卡在這裡；還有一些人很會改變自身行爲來迎合別人的期望。然而復原代表我們的感受、行爲和信念這三方面都必須有所改變，而且三者能達成健康和諧的一致性。也就是說，我們的行爲與內心的感覺一致，也與自我認同和對這個世界的認知是一致的。

復原表示掙脫原本的角色

我們在第六章提到人們在成長過程中可能扮演的功能不良角色，而這些角色的出發點原本只是爲了滿足正常的情感需求，最後卻落得扭曲變形的下場。復原表示我們能夠掙脫原本的角色，放棄扮演家裡的開心果、英雄、小公主、付出者等等，並改以健康的方式滿足相同的需求。

例如家中不停付出的照顧者，若他選擇不再照顧酗酒的爸爸，或是顧慮媽媽的感受，一開始必定會感受到強烈的罪惡感。但當他越能夠掙脫這個角色，就越能在其他關係中取得健康平等的相互關係。相同的道理，我們必須脫離加害者、受害者和拯救者的角色，破除這三個角色之間的惡性循環，進而邁向復原。

在復原的過程中，我們找回選擇的權利

我們在一開始可能無法理解這句話的意思，因爲很多案主一再宣稱自己沒有選擇的餘地。而這種被卡住、停滯不前的強烈感受正是共依存的重要特徵之一。

在共依存的陷阱裡，我們被周遭的人、事、物支配，不了解自己能有所選擇並採取行動。功能不良的價值觀讓我們自動將自己推到角落，孤獨悲慘地蜷縮著，找不到出口。從小深植心中的扭曲價值觀，讓我們一直受困於無助的角落，所以我們認爲原生家

庭是復原的重要關鍵原因之一。

「如果我跟老公說我覺得他有毒癮的話，他一定會離開我；如果他離開我的話，我就會孤伶伶一個人；如果我孤獨一人的話，就會無法生活，甚至死掉！而且，不論發生任何事，好妻子永遠會陪伴在丈夫身邊。至少我們的結婚誓詞是這麼寫的。如果我去質疑他染上毒癮，我就會變成破壞婚姻的壞妻子。」就是這種心理邏輯使我們裹足不前。但當復原的過程有所進展時，我們就能夠有自信地說：「我已經找回選擇的權利。」

超越矛盾的心結才能復原

有些事情看似矛盾，但事實上又可能是眞的，而復原的關鍵之一就是放棄非黑即白的想法，因爲這正是我們陷於矛盾心理的根源。

例如，人可以是「又好又壞」的嗎？我們可以對某個人「又愛又恨」嗎？我們有辦法藉由「讓步」而變得更強勢嗎？答案都是肯定的。然而在復原之前，我們會對這些問題非常掙扎。我們一方面想要把他歸類爲「好人」，把她列爲「安全可靠」的人，但事實上人性很難永遠不變，沒有人是百分之百的好或永遠安全可靠。愛與恨也不是對立的，愛的相反其實是冷漠。

就像孔子曾經說過：「惟仁者，能好人，能惡人。」只有具備仁德的人才有眞正無私且客觀的好惡。

總結

復原療程的基本要素通常包括以下幾點：

1. 必須定期參與十二步驟團體或其他自助團體。我們總是如此要求我們的案主。
2. 個人心理諮商。
3. 團體心理諮商。
4. 家庭心理諮商。
5. 住院或門診治療。

人們往往會在復原過程的前兩年投入大量的時間和精力，並獲得前所未有的穩定感，之後便靠自助團體的協助，持續復原的旅程。而當生活漸入佳境後，或許會需要更深入探究先前未曾討論的議題。

舉例而言，住院接受戒癮治療的女性當中，有許多人是亂倫和性侵的受害者，而在戒癮的頭兩年，她們可能只是根絕藥物上癮的問題——戒除藥物或毒品、改變交友型態、多認識一樣在戒癮的人等等。之後就有必要在心理諮商中討論受虐的議題，前提是當事人已經準備好了。

圖18.1是我們總結的完整復原流程圖。

復原是一生的過程，其痛苦程度會隨著我們的進步而逐漸減輕。五年前足以令人陷入重度憂鬱的壓力，如今我們可以用智慧和勇氣輕鬆化解；現在那些讓我們失控的煩惱和壓迫感，五年後將不會有同樣的破壞力。改變的不是生命，是我們自己。

復原也是一趟重新學習的旅程，讓我們一步一步去認識、感受並了解心中那個孩子的真實面貌。

復原讓我們有機會體驗真相。起初我們會感到非常痛苦難受，但最終它會讓我們內心的孩子感到安全、溫暖、可愛、完整、真誠、平靜，得到自尊以及真正的力量。

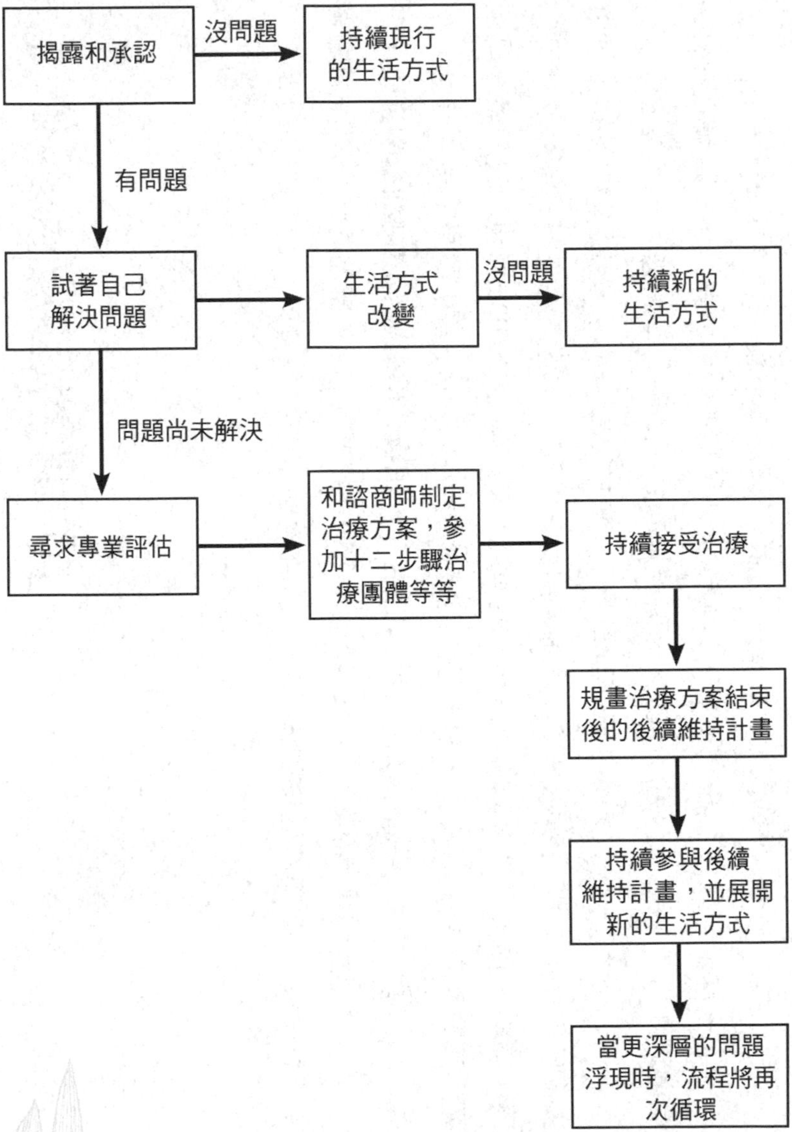
揭露和承認
沒問題
持續現行的生活方式
有問題
試著自己解決問題
生活方式改變
沒問題
持續新的生活方式
問題尚未解決
尋求專業評估
和諮商師制定治療方案，參加十二步驟治療團體等等
持續接受治療
規畫治療方案結束後的後續維持計畫
持續參與後續維持計畫，並展開新的生活方式
當更深層的問題浮現時，流程將再次循環

圖 18.1　復原流程圖

19 淺談療癒和靈性

所有小大人和共依存者都是遭到某種形式虐待及忽視的受害者，他們的內在核心被嚴重傷害，而我們稱此核心為內在小孩。需要受到療癒的是那個孩子長期感受的**罪惡感、羞愧感還有害怕被遺棄的恐懼感**。一切的療癒都必須由內而外逐步展開。

我們在第三章提到小大人有感覺和親密關係的障礙，換言之，這症狀阻礙了關係的建立。它阻礙我們和自己對話、和他人建立關係、跟外在世界接觸，甚至阻礙我們跟自己的靈性交流。完全療癒的唯一辦法，就是恢復我們建立關係的能力，而這也是我們無法獨自一人復原的原因。建立關係和獨自行動兩者是相互牴觸的。

「靈性」本身則有許多爭議，也是我們許多人內心交戰的因素。十二步驟療程中非常強調至高無上的力量（Higher Power）這個觀念，而很多人因此無法接受。

「我才不想聽那些有關上帝的事！」我們大聲說。「我聽夠了。」

筆者認爲，這是因爲大衆誤解「靈性」一詞的意義。很多人可能誤把靈性當作某種正式的宗教信仰，有些人可能會覺得困惑，因爲我們一直被灌輸一種非黑即白的觀念，你要不是信天主教，就是信基督教、猶太教、佛教或是伊斯蘭教，不然你就什麼都不是。這種情況讓我們內心的孩子陷於兩難，乾脆盡可能避免接觸類似的議題。所以，我們必須強調這裡談論的靈性不是宗教信仰，**靈性是一個人與宇宙神祕力量的關係，那是一種無法解釋、難以形容、浩瀚無邊的力量**。靈性的力量讓我們放下自己無法掌控的事，像是控制別人的意念、感覺和愛，甚至意外、災難、死亡的發生。靈性讓我們相信生命有其意義，而當我們不再汲汲營營地追求，它會自然出現。

如果你曾經站在山頂或海邊，感受與宇宙的連結，給你無比強大的力量，同時體會到自己是多麼無足輕重，你就嚐到了靈性的滋味。它既令人震懾，也同時激勵人心。

但靈性不只是我們與大自然交流的短暫感動而已，它是我們與全人類承先啓後的連結。由此，我們與宇宙萬物的緊密連結便成爲靈性的最高形式。

試想一位被虐待和忽略的受害者，他與比自己強大、難以形容的力量會是什麼樣的關係。我們人生當中首次接觸到的至高力量，應該是從嬰兒時期就養育我們的父母，而如果父母虐待和忽略我們，我們接收到的訊息就是不要相信比自己更強大的力量。我們會害怕威權人士，常常辯駁靈性或神的存在；我們會想要控制身邊的一切，以此尋求慰藉，因爲這樣就不會再度受到傷害。

但是，深受傷害的我們會想要繼續主宰一切，成爲自己的神。這也是很多人會嗑藥和吸毒的原因，這些化學物質能帶來短暫的幻覺，好像自己能掌控一切，和宇宙產生一股飄然的連結，直到藥效退去。在復原過程中，靈性這部分或許是最難找回的一塊拼圖，而且跟復原一樣，需要以循序漸進、緩慢的步伐找回來。

當我們承認自己對上癮疾患、小大人／共依存症狀、功能不良家庭狀況等無能爲力時，便踏上了找尋靈性的道路。矛盾的是，當我們卸下心防願意投降，我們將同時獲得眞正的力量。別以爲屈服投降會使自己變得毫無防備，其實我們會變得更堅強，因爲我們將不再依循著自我毀滅、自我挫敗的邏輯行事，不再執著地想要控制無力主宰的事物，而消耗精神。我們也不會再輕易地受傷，因爲我們活在現實中，而非活在否定和防禦心態的堡壘裡。當我們不再否定，就能利用正面的能量爲生活做出適當的選擇。

承認自己無能爲力後，我們漸漸地開始信任別人，而這將有助於建立人際關係。對許多人而言，他們一開始找到的「至高力量」便是一同參加團體治療的夥伴。

在安全的環境裡與他人分享內在小孩的聲音後，我們會明白，罪惡感、羞愧感和被遺棄的恐懼感不一定要發生。我們看到其他人曾經做過相同的事，但不曾遭到批評或虐待。我們也體會到受他人接納的美好，在團體治療的空間氛圍裡，我們感到一股前所未有的力量，而這力量超越了我們本身。

對更多人而言，能夠在團體中認識其他成員並成為朋友，使他們更加相信未來有機會與比團體更強大的力量建立關係。有人稱之為上帝或神，但名稱並不重要，重要的是我們清楚自己與那股力量的關係。復原過程中的靈性療癒將帶領我們回到生命的第一個階段：信任與懷疑。當我們能夠相信生命的本質是好的，相信即使生活中有些不愉快，最後還是能化解，在人生的旅途中繼續向前邁進，我們便有了智慧。我們將了解人生的歸屬感、目的和意義。我們是有所選擇的。

所以，當我們越是療癒深層的內在，生命就越能發光發熱，與外界連結。因此，復原是由內而外、由自身到宇宙不斷擴張，同時也對身為世界的一份子，心懷謙虛與感恩。

間奏 20 親吻怪獸的鼻子

從前有一個小女孩，住在離城市很遠的村莊裡。這個村莊座落於陽光普照的山谷中，周遭環繞著巍巍群山。

小女孩從小就喜歡在山腳下散步玩耍；當她長大了，變成青少女時，她懇求父母讓她爬過高山去探望住在另一頭的爺爺奶奶。起初她的父母既生氣又擔心，不准她去。但女孩一再央求，並義正詞嚴地說自己總有一天必須獨立自主，變成大人。經過好幾個月的辯論，父母終於同意了。

父母竭盡所能地教導她有關登山、露營以及野外求生的知識。他們還親手做了一個堅韌的帆布背包，幫她打包行李，並跪下祈求女兒旅途平安。隔天她就展開翻山越嶺的跋涉之旅。

女孩獨自在外面度過可怕的第一晚，但她還是勉力生起營火，吃了一些父親爲她準備的香腸和起士，並蓋上母親親手做的柔軟被褥，沉沉地睡去。夜晚狼群的呼號聲令她有點害怕，但有溫暖的營火在旁，給她一絲安全的慰藉。隔天一早，溫暖的陽光喚醒她，女孩坐在岩石上，一邊吃著麵包夾果醬，一邊曬著太陽。吃完之後，她繼續前進。傍晚天色漸暗時，她來到兩條岔路之前，不知道該走哪一條才好。不知所措的她坐了下來，祈禱智慧降臨。

沒多久，嚇人的巨大嘈雜聲響各從兩邊的岔路逼近，女孩心跳加速，手心直冒汗。突然間，兩條岔路上各出現了一隻怪物，牠們不停地咆哮、鼻孔噴氣、發出呼呼怪聲。女孩緊抓著背包往山下跑去，想要趕快跑回家。但心中突然有一個聲音叫她停下來。「過去有人爬過這座山頭，也平安歸來，或許我應該回去一探究竟。」女孩停下腳步，轉身向岔路的方向走去。那兩隻怪物還站在路口處，好像想跟她講話。於是她小心翼翼、慢慢地走向牠們。

當她靠近時，守在左邊通道的怪物說：「走這條路吧，這裡又快又安全。如果妳選擇這條路，明天晚上就可以見到爺爺奶奶了。」

這個時候，守在右邊通道的怪物開始怒吼，淒厲尖叫聲令人血液凝結；牠的嘴巴噴出熊熊火焰，鼻孔還冒出陣陣白煙。女孩嚇壞了！

她立刻奔向左邊的怪物，而當她接近一瞧，才發現左邊的怪物不像右邊的怪物那麼醜陋，也沒那麼可怕。但她越往左邊走，右邊的怪物就叫得越大聲。她覺得好困惑，不知道該怎麼辦。

此時，左邊的怪物輕聲地說：「相信我吧。我不像牠這麼醜陋，也不會發出恐怖的怒吼聲。」右邊的怪物聽了更生氣了，更加猛烈地尖叫，還不停冒出白煙。女孩趕快沿著左邊的小徑往前走，深怕走太慢右邊的怪物會追上她，將她撕成碎片。

走了幾百公尺後，她回頭看另一隻怪物有沒有追上來，但牠依然停在岔路口，發出更大聲的哀鳴，卻始終沒有動作。她突然停下腳步。走在她前面的怪物嘴角露出高傲的微笑，看著她好像在說「別傻了」。

女孩內心有個聲音叫她回頭，選擇右邊的道路。於是她快速地跑回岔路，轉眼之間已經走在右邊的小徑上，深入山頂。雖然不知道為什麼選這條路，她還是繼續向前走。直到最後一絲暮光消失，夜晚降臨了，她從山上俯瞰沿途經過的道路。她可以看到已在遠方的岔路路口，也可以看到原本要選擇的那條小徑。

突然間，一陣震耳欲聾的轟隆聲從山的左側傳來。女孩看見山壁左側有土石崩落，直接掉在左邊的小徑上。大量的石塊泥土將整條道路掩埋，當初如果選擇左邊的路徑，女孩現在就會被埋沒在土石流中。她跌坐在地上放聲大哭，將過去幾個小時累積的焦慮和緊張情緒完全釋放出來。

不知道哭了多久之後，一直守在右邊通道的怪物出現在女孩面前。她抬起頭直視牠的雙眼，完全沒有凶狠可怕的神情。牠的眼睛既深邃又平靜；牠的表情變得柔和，帶著憐憫的關懷。不知道為什麼，女孩突然跳起來親吻了怪物的鼻子！怪物好害羞，羞澀地微笑了一下。

「我的名字叫做**恐懼**，」怪物說。「而另外一隻怪物的名字是**毀滅**。如果妳不傾聽我要說的話就逃走，妳可能一輩子都不敢面對妳心目中真正重要的東西。但如果好好聽我說話，並和我做朋友，妳就能擁有**智慧**。至於守在左邊通道的，名叫毀滅的怪物——不管外表看起來多吸引人，**毀滅**從來就不會帶來好事。」

後來女孩順利地見到爺爺奶奶，完成了她的旅程。當她平安返家後，她的父母發現她變得很不一樣。她現在是一位年輕的小姐了，學會如何和內心的恐懼做朋友，再也不會茫然失措或是受到傷害。

【附錄一】延伸閱讀

共依存症狀

- 《練習設立界線：在愛裡保持距離，將那些無法掌控的事情全部放手》（2017），梅樂蒂．碧媞（Melody Beattie），遠流
- 《每一天練習照顧自己：當我們為自己負起責任，就能真正放手，做自己》（2014），梅樂蒂．碧媞（Melody Beattie），遠流
- 《愛，上了癮》（2004），伊東明（Ito Akira），心靈工坊
- 《助人工作者自助手冊：活力充沛的祕訣》（2001），湯瑪斯．史考夫荷特（Thomas Skovholt），張老師文化
- 《愛得太多的女人》（2000），羅賓．諾伍德（Robin Norwood），新苗
- 《超然獨立的愛》（1995），梅樂蒂．碧媞（Melody Beattie），遠流

學會愛自己

- 《每一天，都是出走的練習：靈魂深度旅行365天》（2017），梅樂蒂·碧媞（Melody Beattie），橡實文化
- 《這不是你的錯：對自己慈悲，撫慰受傷的童年》（2016），梅樂蒂·碧媞（Melody Beattie），心靈工坊
- 《擁抱不完美：認回自己的故事療癒之旅》（2013），周志建，心靈工坊
- 《不完美的禮物：放下「應該」的你，擁抱真實的自己》（2013），布芮尼·布朗（Brene Brown），心靈工坊
- 《發現內在的鑽石》（2013），恆河母（Gangaji），方智
- 《心靈馴獸師》（2013），高浩容，羅達文創
- 《幸福，很近很小》（2013），衛藤信之（Eto Nobuyuki），采實文化
- 《背叛》（2013），珍妮佛·弗雷（Jennifer Freyd）、潘蜜拉·畢瑞爾（Pamela Birrell），商周出版
- 《死過一次才學會愛》（2013），艾妮塔·穆札尼（Anita Moorjani），橡實文化

- 《媽媽一定要學會的關鍵33句話》（2013），谷愛弓（Tani Ayumi），采實文化
- 《每一天，都是放手的練習》（2012），梅樂蒂・碧媞（Melody Beattie），遠流
- 《以愛之名，我願意》（2009），大衛・里秋（David Richo），心靈工坊
- 《遇見100%的愛》（2007），約翰・威爾伍德（John Welwood），心靈工坊
- 《幸福，從心開始》（2006），栗原英彰、栗原弘美（Hideaki Kurihara，Hiromi Kurihara），心靈工坊
- 《愛他，也要愛自己》（2002），貝芙莉・英格爾（Beverly Engel），心靈工坊
- 《為自己出征》（1998），羅伯・費雪（Robert Fisher），方智

幫助戒癮或停止不想要的習慣

- 《減害心理治療：務實的成癮治療方法（第二版）》（2020），佩特・德寧博士、珍妮・利特，心靈工坊
- 《十二步驟的療癒力：擺脫成癮，啟動轉化》（2019），康復之友，心靈工坊
- 《渴求的心靈：從香菸、手機到愛情，如何打破難以自拔的壞習慣？》（2019），賈

德森・布魯爾，心靈工坊

- 《APP世代在想什麼：破解網路遊戲成癮、預防數位身心症狀》（2019），張立人，心靈工坊
- 《失控的心靈：那些讓我們焦慮、恐慌、憂鬱、自戀、上癮、偏執、過勞、依賴症、強迫症、社交恐懼、歇斯底里的運作機制與應對策略》（2019），莎賓娜・維瑞封・李蒙，商周
- 《欲罷不能：科技如何讓我們上癮？滑個不停的手指是否還有藥醫！》（2017），亞當・奧特，天下文化
- 《上網不上癮：給網路族的心靈處方》（2013），張立人，心靈工坊

【附錄二】臺灣的心理諮商資源與支持團體

戒癮資訊

戒毒匿名會資訊 www.cyp.moj.gov.tw/ct.asp?xItem=163088&ctNode=21866&mp=053

臺灣戒酒無名會（Alcoholics Anonymous Taiwan） www.aataiwan.org

心理諮商、協談及支持團體資訊

華人心理治療基金會 https://www.tip.org.tw/

旭立文教基金會https://www.shiuhli.org.tw/

心靈園地 www.psychpark.org

國際生命線臺灣總會 www.life1995.org.tw

臺灣心理諮商資訊網 www.heart.net.tw

張老師全球資訊網　www.1980.org.tw

馬偕協談中心　www.mmh.org.tw/taitam/priest_dep/priest_dep09.asp

華人心理治療發展基金會　www.tip.org.tw

宇宙光全人關懷網　www.cosmiccare.org/spirit/default.asp

董氏基金會心理衛生組　www.jtf.org.tw/psyche

臺灣憂鬱症防治協會　www.depression.org.tw/index.asp

肯愛社會服務協會　www.canlove.org.tw

亦可查詢各縣市社區心理衛生中心資訊

心靈工坊 PsyGarden
SH038

親密無能：早熟童年的隱形代價

（原名《小大人症候群：重塑我的家，拾回完整自我》）

Adult Children:The Secrets of Dysfunctional Families

作者—約翰・弗瑞爾（John C. Friel, Ph. D.）、琳達・弗瑞爾（Linda D. Friel, M. A.）

譯者—江家緯

出版者—心靈工坊文化事業股份有限公司
發行人—王浩威　總編輯—徐嘉俊
執行編輯—黃心宜
封面設計—謝佳穎　內文設計排版—董子瑈
通訊地址—106台北市信義路四段53巷8號2樓
郵政劃撥—19546215　戶名—心靈工坊文化事業股份有限公司
電話—02) 2702-9186　傳真—02) 2702-9286
E-mail—service@psygarden.com.tw　網址—www.psygarden.com.tw
製版・印刷—中茂製版印刷股份有限公司
總經銷—大和書報圖書股份有限公司
電話—02）8990-2588　傳真—02）2290-1658
通訊地址—248新北市五股工業區五工五路二號
二版一刷—2021年8月　二版五刷—2024年1月
ISBN—978-986-357-217-6　定價—380元

國家圖書館出版品預行編目資料

親密無能：早熟童年的隱形代價／約翰・弗瑞爾 (John C. Friel), 琳達・弗瑞爾 (Linda D. Friel)著.
-- 二版. -- 臺北市 : 心靈工坊文化, 2021.08
面；公分.--（Self Help；038）
譯自：Adult Children:The Secrets of Dysfunctional Families
ISBN 978-986-357-217-6（平裝）
1.心理治療

178.8　　110013510

心靈工坊 PsyGarden

書香家族 讀友卡

感謝您購買心靈工坊的叢書，爲了加強對您的服務，請您詳塡本卡，
直接投入郵筒（免貼郵票）或傳眞，我們會珍視您的意見，
並提供您最新的活動訊息，共同以書會友，追求身心靈的創意與成長。

書系編號－SH038　　書名－親密無能：早熟童年的隱形代價

姓名　　是否已加入書香家族？□是 □現在加入

電話（公司）　（住家）　手機

E-mail　生日　年　月　日

地址 □□□

服務機構／就讀學校　職稱

您的性別一□1.女 □2.男 □3.其他

婚姻狀況一□1.未婚 □2.已婚 □3.離婚 □4.不婚 □5.同志 □6.喪偶 □7.分居

請問您如何得知這本書？

□1.書店 □2.報章雜誌 □3.廣播電視 □4.親友推介 □5.心靈工坊書訊
□6.廣告DM □7.心靈工坊網站 □8.其他網路媒體 □9.其他

您購買本書的方式？

□1.書店 □2.劃撥郵購 □3.團體訂購 □4.網路訂購 □5.其他

您對本書的意見？

封面設計	□ 1.須再改進	□ 2.尚可	□ 3.滿意	□ 4.非常滿意
版面編排	□ 1.須再改進	□ 2.尚可	□ 3.滿意	□ 4.非常滿意
內容	□ 1.須再改進	□ 2.尚可	□ 3.滿意	□ 4.非常滿意
文筆／翻譯	□ 1.須再改進	□ 2.尚可	□ 3.滿意	□ 4.非常滿意
價格	□ 1.須再改進	□ 2.尚可	□ 3.滿意	□ 4.非常滿意

您對我們有何建議？

本人同意　　（請簽名）提供(真實姓名／E-mail／地址/電話等資料)，以作為心靈工坊（聯絡／寄貨/加入會員／行銷／會員折扣等）之用，詳細內容請參閱 http://shop.psygarden.com.tw/member_register.asp。

廣 告 回 信
台北郵局登記證
台北廣字第1143號
免 貼 郵 票

心靈工坊 PsyGarden

台北市106 信義路四段53巷8號2樓

讀者服務組　收

免　貼　郵　票

（對折線）

加入心靈工坊書香家族會員
共享知識的盛宴，成長的喜悅

請寄回這張回函卡（免貼郵票），
您就成爲心靈工坊的書香家族會員，您將可以——

⊙隨時收到新書出版和活動訊息

⊙獲得各項回饋和優惠方案